AF312649

L'AMIRAL COURBET

5ᵉ SÉRIE GRAND IN-8°.

L'AMIRAL

COURBET

SA JEUNESSE, SA VIE MILITAIRE

ET SA MORT

PAR

Marcel POULLIN.

LIMOGES

EUGÈNE ARDANT ET Cie, ÉDITEURS.

PRÉFACE

C'est moins par leurs vertus que par leurs exploits, que la plupart des grands hommes de guerre ont acquis des droits à l'immortalité et ont vu leur nom transmis, d'âge en âge, à l'admiration de la postérité.

Rares, en effet, sont les capitaines célèbres desquels on puisse dire que, chez eux, le général habile, le soldat vaillant, se doublait d'un homme vertueux et sage. Non que la vie militaire fût un obstacle à la perfection morale de ceux qui l'embrassent; elle est au contraire celle qui favorise le mieux l'éclosion et la culture des vertus sublimes qui font l'homme vraiment grand et réellement fort. Mais, parce qu'elle donne à ceux que la fortune comble de ses faveurs par elle, un tel éclat, un tel prestige, que le plus souvent, ils en sont éblouis et qu'ils perdent, par suite, la notion du vrai, du juste, parfois même du bien.

Celui dont nous voulons retracer ici la vie échappe à cette règle qui, à toutes les époques de l'histoire, n'a souffert que de rares exceptions. L'amiral Courbet fut, en effet, un vaillant soldat et un grand capitaine, en même temps qu'un homme sage et vertueux, par excellence.

On l'a surnommé le « Bayard des temps modernes ». Il fut plus que cela. Il fut un Bayard et un Turenne à la fois.

Aussi, est-ce avec un légitime orgueil que nous entreprenons de présenter à nos jeunes lecteurs cette belle et mâle figure de marin, dont la mort récente a plongé dans le deuil la patrie tout entière.

Ils trouveront dans ces pages les exemples les plus virils et les enseignements les plus grands.

Ils y puiseront la force pour l'avenir.

L'AMIRAL

COURBET

CHAPITRE Ier

La jeunesse d'un grand homme

I

Celui qui devait être l'amiral Courbet naquit
à Abbeville le 26 juin 1827. Son père, négociant en liquides dans cette ville, avait eu déjà
deux enfants, une fille et un garçon ; le jeune
Amédée-Anatole-Prosper fut le troisième et le
dernier de la famille.

A cette époque, Abbeville était encore, en
quelque sorte, un véritable port de mer. De
grands bâtiments à voiles la mettaient en relations avec tous les ports marchands de la mer
du Nord, de la Manche et de l'Océan ; particulièrement avec Bordeaux, d'où M. Courbet père
recevait la plus grande partie de ses approvi-
sionnements en vins et en eaux-de-vie, que

lui fournissaient les riches côteaux du midi de
la France.

Dès son âge le plus tendre, le jeune Anatole eut
donc sous les yeux le spectacle de la vie maritime.
Souvent il accompagnait sa sœur aînée sur le
port, où celle-ci, de beaucoup plus âgée que lui,
allait reconnaître les marchandises destinées à
la maison que dirigeait leur père. Et là, sur le
quai tout rempli de cette animation extraordi-
naire que donne la vie commerciale à un port
marchand, le jeune Courbet voyait ces grands
bateaux qui venaient débarquer leur cargaison
à Abbeville, arrivant de tous les points du
monde, pour repartir ensuite, les uns à destination des ports du littoral de la France, les autres
se dirigeant vers les côtes de l'Angleterre,
d'autres enfin, faisant voile pour des contrées
plus éloignées.

L'imagination facilement impressionnable de
l'enfant fut vite frappée par cette existence si
mouvementée, si étrange de l'homme de mer et
son goût pour la carrière maritime se dessina
de très bonne heure. La mer l'attirait, les navires excitaient sa curiosité au plus haut point,
la vie des marins l'enthousiasmait. Il restait des
heures entières sur les quais; examinant avec
une attention soutenue la mâture des bâtiments
arrêtés dans le port, questionnant les personnes

qui l'accompagnaient sur les moindres détails de leur construction et faisant suivre les explications qu'on lui donnait de réflexions pleines de sens qui, plus d'une fois, frappèrent d'une façon toute particulière ses interlocuteurs. Courbet était né marin et la Providence voulut que la carrière de ses rêves d'enfant fût justement celle qu'il embrassa par la suite et dans laquelle il s'immortalisa.

Cependant, avec l'âge, le moment vint où le jeune enthousiaste dut renoncer à la vie en plein air qu'il avait menée jusqu'alors, pour aller, sur les bancs de l'école, apprendre à lire et à écrire. La transition fut pénible pour cet enfant dont l'existence avait été jusqu'alors toute d'indépendance et de liberté. Mais, tout en montrant le poing à l'alphabet, il fallut cependant entrer en relations avec lui. Anatole Courbet dut renoncer à ses fréquentes promenades sur le port et aussi à l'exercice du commerce de marchand de légumes dans lequel il excellait, paraît-il. Doué d'une intelligence vive et aimable, l'enfant avait été pris en amitié, en effet, par une brave marchande de légumes de la place du Marché qui se trouvait tout près de la rue Saint-André où habitait sa famille. Le petit bonhomme, qui émerveillait l'excellente femme par la vivacité de son esprit, se plaisait

à seconder celle-ci dans la vente de sa mar-
chandise, et c'était sans cesse, comme bien l'on
pense, de la part de la pauvre marchande, des
éloges à n'en plus finir sur le compte de son
caissier de cinq ans.

Il fallut donc quitter aussi le banc de la
marchande de légumes pour celui de l'école.
Plus tard, quand le petit Anatole fut devenu le
capitaine de vaisseau Courbet, il vint à Abbeville pour embrasser sa famille, avant de s'embarquer pour la Nouvelle-Calédonie, dont il
était nommé gouverneur. En traversant la
place du Marché (aujourd'hui place de « l'Amiral Courbet »), le gouverneur vit une bonne
vieille femme qui lui envoyait un bonjour
radieux ; il demanda son nom et, quand il sut
que c'était sa vieille Julie, il courut l'embrasser
sur les deux joues. La brave femme pleura
comme un enfant en serrant dans ses bras ce
brillant officier, qui trente ans auparavant
vendait avec elle des poireaux et des carottes
aux habitants de la ville qu'il devait illustrer
par la suite.

Quelque temps après, M. Courbet père
résolut d'envoyer son fils au petit séminaire de
Saint-Riquier, que dirigeait un des vieux amis
de la famille, M. Padé, pensant que celui-ci
serait plus apte que personne à assouplir le

caractère quelque peu rebelle du jeune Anatole. Celui-ci partit donc pour Saint-Riquier,
l'ancienne Centule des Romains ainsi nommée,
nous apprend l'histoire du pays, parce qu'elle
était entourée d'une enceinte comprenant cent
tours fortifiées.

II

A Saint-Riquier, l'enfant, gâté par ses maî-
tres plus encore qu'il ne l'avait été par sa
famille, se montra rebelle à la grammaire et au
dictionnaire ; ses succès, à la fin de sa première
année d'humanités, furent nuls. Son espiéglerie
s'accrut, au contraire, au contact des camarades
de pension et, s'il mit à contribution la vive
intelligence dont il était doué, ce fut pour tout
autre chose que pour étudier. Le jeune élève
fut, en effet, dans le grave séminaire de Saint-
Riquier, l'âme d'une association qui portait le
titre singulier de « *Congrégation des Réfrac-
taires.* » Cette confrérie, que nous nous garde-
rons bien de donner en exemple à nos jeunes
lecteurs, était due à l'initiative du futur amiral ;
il en avait dressé les statuts et voici quelles en
étaient les dispositions principales : Tout élève
sollicitant l'honneur de faire partie de la *Congrégation* devait avoir encouru, au moins, deux

punitions dans la semaine. Les *dignitaires* de
l'association devaient être titulaires de plusieurs
expulsions de leur classe ; quant au *président*,
qui n'était autre que notre héros, il devait,
bien entendu, prêcher l'exemple et se faire
remarquer, entre tous, par sa conduite déréglée
et ses actes d'indiscipline notoire !

Vers cette époque, le jeune Anatole perdit son
père. Dans une de ses tournées aux environs
d'Abbeville, M. Courbet fut écrasé par une de
ces lourdes diligences qui servaient alors de
moyens de communication entre la province et
la capitale. Son fils aîné dut quitter le petit
séminaire d'Issy, où il terminait ses études,
pour venir prendre la direction de l'important
établissement que cette mort privait de son chef
et ce fut à lui désormais qu'incomba le soin de
s'occuper de l'éducation de son jeune frère.

Anatole était toujours l'élève dissipé et tur-
bulent dont nous avons parlé ; sa conduite
indocile, ses études médiocres, en faisaient un
des plus mauvais pensionnaires de l'institution
de Saint-Riquier. Mais, heureusement pour lui,
le carnaval de l'année 1837 devait exercer sur
son existence une influence radicale ; il devait y
trouver son chemin de Damas.

Aux vacances du nouvel an, le jeune Courbet
avait eu l'occasion de voir dans le bureau de

son frère, à Abbeville, un voyageur de commerce qui lui avait fait une description magnifique des fêtes du carnaval à Paris et particulièrement de la promenade du *bœuf gras* dans les rues de la capitale, qu'il lui avait dépeint comme une de ces féeries éblouissantes dont parlent les contes des *Mille et une Nuits*.

Émerveillé par ce récit, quelque peu fantastique, l'enfant n'a plus, dès lors, qu'une seule idée : celle d'aller voir toutes ces belles choses, et le voilà rêvant de chars resplendissants, de personnages fantasmagoriques, de spectacles éblouissants, etc. L'escapade du jeune Bertrand Du Guesclin, se rendant à l'insu de tous au tournoi, où il reste le vainqueur, lui revient en mémoire. Le jeune écervelé n'aspire plus qu'à une chose : aller à Paris pour voir la promenade du bœuf gras et toutes ses splendeurs.

Il rentre à Saint-Riquier où il mûrit dans sa tête, déjà forte, le petit plan dont il rêve l'exécution. Puis, le samedi du carnaval, pendant la récréation de midi, il réussit à tromper la surveillance du concierge et, tête nue, en costume de travail, il sort du séminaire et prend la clef des champs. Il se dirige vers la grand'route de Paris sur laquelle passe la diligence, et lorsque celle-ci arrive, il annonce au conducteur que sa famille l'envoie passer à

Paris les fêtes du carnaval et qu'un parent
l'attend à son arrivée. Le brave homme, qui
connaissait la famille Courbet, ne fit aucune
difficulté et voici notre héros en route pour la
capitale.

A Paris, le jeune voyageur se fit conduire
chez son parent à qui il raconta que ses bagages
devaient arriver le lendemain ; ajoutant, pour
justifier la tenue dans laquelle il se trouvait,
qu'on lui avait fait prendre sa blouse de pension,
afin d'épargner ses effets. Le jour du mardi-
gras, il assista à la promenade du bœuf gras et
s'extasia devant toutes les merveilles qui défi-
lèrent devant lui.

Mais quand les fêtes furent passées, quand
l'heure de retourner à Abbeville arriva, il
fallut bien, en présence de l'absence complète
de nouvelles de la famille, avouer l'escapade
aux parents qui avaient si bien reçu le jeune
fugitif.

Le retour se fit beaucoup moins gaiement
que l'aller ; et le frère du jeune Anatole qui, à
l'annonce de sa fugue, avait conçu de graves
inquiétudes, lui fit subir une sévère admones-
tation. Enfin, voyant qu'il était presque impossible de vaincre la résistance obstinée de ce
caractère indocile et rebelle à toute règle, il
résolut de tenter sur lui un suprême effort,

en essayant de le prendre par l'amour-propre.

A la suite de cette aventure, Courbet avait naturellement été chassé du séminaire de Saint-Riquier ; son frère le fit appeler et lui dit avec un ton grave qui impressionna vivement l'enfant.

« Mon cher ami, notre mère et moi avons dû réunir nos forces pour ne pas laisser péricliter la maison paternelle et subvenir aux frais de ton éducation ; mais puisque tu veux rester ignorant et paresseux, il n'est pas nécessaire de nous imposer plus longtemps des sacrifices inutiles. Aussi avons-nous résolu de te faire apprendre un état manuel ; et puisque tu n'é-prouves aucun goût pour les choses de l'intelligence, prend l'état pour lequel tu te sens des dispositions. Dans quinze jours tu entreras en apprentissage. »

Le jeune étourdi voulut d'abord apprendre l'état de cordonnier, mais la perspective de rester assis des journées entières lui sourit peu ; et lorsque son frère lui demanda quel était le maître-cordonnier qu'il désirait choisir, Anatole répondit avec beaucoup de sérieux, qu'après avoir réfléchi, il préférait retourner au collége, où il promettait de travailler avec la plus grande assiduité.

M. Courbet aîné y consentit, mais à la condition expresse que le jeune garçon serait toujours le premier de sa classe. « Je ne puis, lui répondit celui-ci, te promettre d'être constamment le premier, mais je prends l'engagement, dès aujourd'hui, de ne pas dépasser le rang de second dans toutes les compositions. »

L'accord se fit dans ces conditions. L'enfant prodigue fut placé au collége d'Abbeville, dont il devint en peu de temps l'un des meilleurs élèves, ainsi qu'en témoignent les palmarès de cet établissement, dans lequel il resta cinq ans.

III

Après avoir complété ses études au lycée d'Amiens d'abord, puis à l'institution Favart, à Paris, où il suivit les cours du lycée de Charlemagne qui occupait alors le premier rang parmi les établissements de ce genre, Anatole Courbet se présenta, en 1846, à l'école Polytechnique. Bien que plusieurs fois lauréat des grands concours de la Sorbonne, et particulièrement fort en mathématiques, il échoua. Mais, s'étant présenté l'année suivante, après des études sérieuses sur les sujets d'examen, il fut admis dans un très bon rang (5 sur 126).

La révolution de 1848 vint troubler les paisibles travaux du jeune polytechnicien. Dans ces moments d'effervescence populaire où le tambour battait constamment dans les rues, où la population parisienne surexcitée, courait aux armes, les élèves de l'école Polytechnique, enthousiastes comme on l'est à vingt ans, se laissèrent facilement entraîner dans le mouvement populaire ; ils coururent eux aussi aux barricades. Courbet qui, en raison de son numéro d'entrée à l'école, avait reçu le grade de sergent, était à la tête d'un des détachements formés par les jeunes révolutionnaires.

La troupe n'ayant montré que peu d'énergie dans la défense des positions qu'elle défendait, de la barricade de la place de la Bastille dont il est bientôt resté maître, Courbet se dirige ensuite à la tête des siens, vers le Louvre. Il arrive au moment où la foule surexcitée veut envahir les magnifiques salles des musées nationaux où sont entassés tant de merveilles, tant de chefs-d'œuvre, tant de richesses.

Courbet comprend desuite combien la folie de ces énergumènes peut causer à l'art et à la France de pertes irréparables. Il se place, avec ses camarades, entre les assaillants et le palais dont il barre l'entrée : mais la foule est énorme

et les défenseurs sont peu nombreux; bientôt
ils vont être débordés.

Courbet, pris alors d'une inspiration subite,
monte sur une voiture abandonnée qui se
trouve près de lui et, du haut de cette tribune
improvisée, il s'adresse à la foule houleuse et
bruyante qui s'agite à ses pieds. Tout d'abord
les cris de la multitude couvrent sa voix. Le
jeune orateur ne s'émeut pas; il redouble au
contraire d'audace et au bout de quelques
instants, sa parole brève, forte, incisive et con-
vaincue, a raison de tous les bruits hostiles et
on l'écoute.

Alors, dans une chaude improvisation, toute
vibrante de l'émotion qu'il ressent et de la
surexcitation qui l'anime, Courbet fait comprendre à ces insensés la gravité de la faute, du
crime qu'ils vont commettre, en profanant ces
trésors inestimables qui appartiennent à la
nation tout entière et qui font l'orgueil de la
France. La foule, mobile comme toutes les
foules, est subjuguée; elle acclame l'orateur
qui vient de la dompter. Courbet est traîné en
triomphe à l'Hôtel-de-Ville et présenté au
gouvernement provisoire qui s'y était constitué.
Le Louvre était sauvé !

Courbet devint alors secrétaire d'un des
membres du Gouvernement provisoire, Armand

Marrast ; puis, lorsque le calme fut rétabli dans les rues de la capitale, il reprit ensuite à l'école le cours de ses études.

Aux terribles journées de juin, les polytechniciens prirent encore part aux événements politiques, en secondant le général Cavaignac dans sa lutte contre les insurgés ; mais l'année suivante s'écoula, pour eux, dans une tranquillité beaucoup plus grande, qui leur permit de se remettre sérieusement à l'étude et de regagner un peu du temps perdu par eux pendant l'année 1848.

Courbet sortit de l'école Polytechnique en 1849 et, en raison de son bon numéro de classement, put enfin, comme il le désirait tant, être marin. Il entra dans le service de la marine, avec le grade d'aspirant de 1re classe, et fut dirigé sur le port de Toulon, où il embarqua à bord du navire l'*Océan*.

CHAPITRE II.

L'Officier de marine

I

Courbet resta peu de temps à bord de l'*Océan*. Un mois à peine, après sa nomination d'aspirant, il recevait l'ordre d'embarquer sur la *Capricieuse*, corvette à voile de 32 canons, montée par 105 hommes d'équipages et placée sous les ordres du commandant de Rocquemaurel.

La *Capricieuse* partit de Toulon le 28 mai 1850, à destination du Chili où elle devait débarquer 150 passagers qui, séduits par l'appât des mines d'or de la Californie, avaient obtenu du gouvernement leur transport gratuit en Amérique. Du Chili, elle se dirigea ensuite vers l'Océanie dont elle explora différents archipels et fit voile ensuite pour l'Indo-Chine où elle fut attachée à la station navale de ces parages. Pendant trois années, Courbet navigua sur les côtes de l'Annam et de la Chine, apprenant alors à connaître à fond ces pays lointains où il devait, par la suite, s'illustrer et mourir. Le 15 avril 1854, la *Capricieuse* rentrait dans le port de Toulon, après quatre années de navigation, pendant lesquelles le jeune aspirant avait acquis la pratique de la vie maritime et s'était livré à de nombreux et remarquables travaux scientifiques dont la récompense ne se fit pas longtemps attendre. Le 19 avril 1854, quatre jours seulement après son retour en France, Courbet, sur la proposition de son commandant, était nommé enseigne de vaisseau et appelé à Paris, au dépôt de la marine, pour y terminer, en collaboration avec le lieutenant de vaisseau Mouchez, aujourd'hui contre-amiral et directeur de l'Observatoire de Paris, les travaux hydrographiques et astronomiques commencés pendant cette longue et laborieuse campagne.

Courbet resta quelques semaines seulement à Paris. En 1854, l'Orient était en feu ; la guerre de Crimée venait d'éclater et la Grèce, surexcitée par les événements, menaçait d'attaquer son ennemie séculaire : la Turquie, alors aux prises avec la Russie.

La France, alliée de l'empire ottoman sur les champs de bataille de la Crimée, avait le devoir de le protéger aussi du côté de l'Archipel. Une escadre fut donc envoyée sur les côtes de la

Grèce avec mission de surveiller les actes du peuple hellène.

Courbet fut désigné pour faire partie de cette expédition, et le 19 mai 1854 il arrivait au Pirée, à bord de l'*Olivier*, brick de guerre de 1re classe, armé de 12 canons et portant 103 hommes d'équipages. L'*Olivier* fut alors employé au service des croisières sur les côtes de la Méditerranée, et sa campagne ne fut guère marquée que par des incidents sans grande importance. Dans deux circonstances seulement, le jeune enseigne eut à se signaler; la première fois, en faisant rentrer dans l'ordre une troupe de bachi-bouzoucks, qui s'étaient mutinés contre l'équipage d'un navire français à bord duquel ils étaient embarqués; la seconde fois, en assurant la sécurité d'une petite caravane qui se rendait à Jérusalem, ce qui procura à Courbet le bonheur de visiter les Lieux-Saints.

Au mois d'octobre 1856, l'*Olivier* se rendit à Rhodes, mais sa visite dans ce port lui fut fatale. Il y fut, en effet, abordé par le paquebot à vapeur le *Jourdain*; et, faisant eau de toutes parts, il fut jeté à la côte, malgré les efforts faits par son équipage, pour le maintenir à flot.

Cette circonstance malheureuse devait être favorable au jeune Courbet; l'*Olivier* fut re-

morqué jusqu'au Piré et, comme il ne pouvait
continuer à tenir la mer sans subir d'importantes réparations, il fut décidé que ces réparations seraient faites dans ce port, sous la direction d'un officier du bord. Bien que l'opération
fût compliquée et difficile, Courbet n'hésita pas
à s'en charger et il la mena à bonne fin, avec
une telle rapidité et une telle aisance, que tous
les officiers de l'escadre en furent émerveillés
et qu'il fut, dès-lors, considéré comme un officier du plus grand mérite et du plus bel avenir.

Ses chefs ne lui marchandaient point du reste
les notes les plus élogieuses et, il faut le dire,
les plus méritées. « C'est un officier intrépide, et
plein d'ardeur, disait son chef d'escadre, l'a-
miral Bouët-Willaumez, dans un de ses rap-
ports au ministre de la marine ; il aime son
métier avec passion et a les goûts essentiellement
militaires. Je le propose pour l'avancement. »
Le 29 novembre 1856, Courbet était nommé
lieutenant de vaisseau.

II

Rentré en France, Courbet resta pendant six
mois à Toulon ; mais son repos ne fut pas de
longue durée. Le capitaine de frégate Bonie,

qui l'avait eu sous ses ordres sur l'*Olivier*,
venait d'être nommé au commandement de la
corvette à roues, le *Coligny*; il demanda à
Courbet d'être son second. Celui-ci accepta
avec empressement et au mois d'août 1857, il
arrivait à Bayonne, où le *Coligny* devait se tenir
à la disposition de l'empereur et de l'impéra-
trice, alors en villégiature à Biarritz.

Napoléon III avait conçu l'idée de créer à
Biarritz un grand port à eau profonde. Il demanda au commandant du *Coligny* de faire
exécuter des sondages, dans la rade, par un de
ses officiers; celui-ci désigna son second. Courbet se mit à l'œuvre et s'acquitta du travail
qui lui était confié avec l'exactitude scrupuleuse
qu'il apportait dans l'accomplissement de tous
ses devoirs. Ces travaux l'absorbaient tellement,
qu'un jour même ils faillirent lui coûter la vie.
Ce jour-là, Courbet, monté sur une baleinière,
faisait des sondages près du rivage. Le temps
grossit sans qu'il s'en aperçût et bientôt une
lame énorme arriva sur la chaloupe et la ren-
versa. Courbet ne savait pas nager; il fut
ramené à terre, à demi-asphyxié, par un de
ses matelots et ce ne fut pas sans peine qu'on
parvint à lui faire reprendre connaissance. L'im-
pératrice, qui était accourue à la première
nouvelle de l'accident, le fit transporter au

château et, quand il rouvrit les yeux, le jeune lieutenant reconnaissait sa souveraine dans la garde-malade qui le veillait. Quelques temps après, Courbet recevait la croix de chevalier de la Légion d'honneur.

Les sondages exécutés dans la rade de Biarritz ayant démontré l'impossibilité d'y créer un port sérieux, le *Coligny* quitta Bayonne et partit en croisière, sur les côtes d'Espagne et du Maroc. Un seul souvenir personnel à Courbet, nous est parvenu de cette époque. Une nuit, entre Cadix et Gibraltar, Courbet devait prendre le quart à quatre heures du matin. L'endroit où se trouvait le *Coligny* était périlleux ; la côte, hérissée de rochers, présentait de sérieux dangers et, vers trois heures, le commandant Bonie — aujourd'hui vice-amiral — résolut de surveiller lui-même ce passage difficile. Il monta sur le pont et, dans l'obscurité, demanda à l'officier de service s'il avait aperçu le phare vers lequel on se dirigeait.

— Pas encore, commandant, répondit la voix de Courbet.

— Quoi, c'est vous, dit le capitaine, surpris ; vous prenez le service à quatre heures, et vous êtes encore là à trois heures !

— Cela ne fait rien, répondit celui-ci ; on doit savoir veiller quand il le faut. »

Tout Courbet est dans cette réponse. « *Le devoir, toujours le devoir, et rien que le devoir,* » telle fut la devise de toute sa vie ; nous verrons par la suite comment, jusqu'à sa dernière heure, il a su la mettre en pratique.

Vers la fin de 1858, Courbet rentra pour la seconde fois à Toulon et fut attaché sur le *Suffren* d'abord et sur le *Montebello* ensuite, au service du vaisseau-école des canonniers. Ce fut pour lui alors une époque de grands et sérieux travaux intellectuels. Jusqu'en 1862, époque à laquelle il quitta l'école des canonniers pour embarquer à nouveau, Courbet se signala par de nombreuses inventions scientifiques, du plus haut intérêt, qui lui valurent les appréciations les plus élogieuses de la part de ses chefs, du conseil des travaux de la marine et du ministre lui-même. « Debout en même temps que les matelots, à cinq heures du matin, dit un de ses biographes, il ne donnait pas moins de quatorze heures par jour à son travail ; il ne prenait que juste le temps des repas et, bien souvent, sa lampe ne s'éteignait pas avant minuit ou une heure du matin. »

Au mois de février 1863, Courbet, demandé comme second par le commandant de l'*Alexandre*, embarquait sur ce navire, qui faisait partie de l'escadre d'évolutions, alors en rade de Tou-

lon. Puis, quelque temps après, l'amiral Rigaut-
de-Genouilly ayant cédé le commandement de
l'escadre à l'amiral Bouët-Villaumez, celui-ci
se souvint de l'ancien enseigne de l'*Olivier* et
le prit comme aide-de-camp. Courbet resta
alors attaché, pendant plus de trois années, à
la personne de ce marin éminent, et fit avec
lui les campagnes d'évolutions de 1864, de 1865
et de 1866, à la suite desquelles, sur les instances
de son amiral qui tenait à récompenser ses
brillants services, il fut promu au grade de
capitaine de frégate, le 14 août 1866. Il avait
alors 39 ans.

III

Le contre-amiral de Dompierre d'Hornoy,
qui commandait la division cuirassée de la
Manche, demanda alors le nouveau capitaine
de frégate, pour chef d'état-major ; celui-ci
accepta avec joie et, vers le milieu de 1867, il
embarqua à Cherbourg, sur la *Savoie*, frégate
cuirassée de premier rang, de la force de 900
chevaux, armée de 14 canons et montée par un
équipage de 580 hommes. Courbet resta avec
l'amiral d'Hornoy jusqu'à la fin de 1869, époque à laquelle il dut, en raison de son état de

santé, prendre un congé de quelques mois. Il
avait été nommé au grade d'officier dans la
Légion d'honneur au mois de janvier de cette
même année.

L'inaction de l'intrépide officier ne devait pas
être de longue durée; à peine avait-il goûté
quelques semaines de repos, qu'il demandait
à reprendre du service. Le 1er mars 1870, il
était nommé au commandement de l'aviso à
vapeur, le *Talisman*, avec ordre de rallier la
station navale des Antilles.

Quelques mois après, la terrible guerre
de 1870 éclatait.

Courbet souffrit cruellement de ne pouvoir
verser son sang pour sa patrie, et les lettres
qu'il écrivit alors sont toutes remplies des re-
grets qu'il éprouvait de ne pouvoir être à un
poste de combat. « Tu ne devines pas, écrivait-il
à un de ses parents, combien il est douloureux
d'être loin dans de pareils moments. »

Pendant toute la durée de la guerre, le *Talisman* resta en croisière dans la mer des Antilles ;
et, au grand regret de son commandant, il n'eut
même pas le bonheur de se mesurer avec un
des navires prussiens, alors en route dans ces
parages.

Rentré en France en 1872, le commandant
Courbet fut successivement chargé de diverses

fonctions, dont il s'acquitta de la façon la plus parfaite. Au mois d'août 1873, quelque temps après sa nomination au grade de capitaine de vaisseau, il fut appelé aux fonctions de capitaine de pavillon de l'amiral de Surville, alors commandant de la 2e division de l'escadre d'évolutions de la Méditerranée. Puis, après une campagne sur les côtes d'Espagne, d'Algérie et de Sardaigne, il fut appelé, par le ministre, au commandement de l'école des défenses sous-marines de Boyardville, dans l'île d'Oléron, près de Rochefort.

Nul mieux que Courbet n'était apte à remplir de pareilles fonctions. Initié par ses longs travaux à toutes les parties de l'art naval, il s'attacha avec ardeur à son nouvel emploi et il sut y rendre les services les plus grands. Grâce à lui, l'invention des torpilles, ces terribles engins destinés à révolutionner la tactique navale, fit des progrès rapides et sérieux. Aussi, quand après deux années il quitta la direction de l'école de Boyardville, reçut-il un témoignage officiel de satisfaction « pour la manière distinguée dont il avait dirigé l'école et pour les améliorations qu'il avait introduites dans les cours qui y sont enseignés. »

En 1878, l'amiral de Dompierre d'Hornoy ayant reçu le commandement de l'escadre cuirassée de la Méditerranée, appela à lui, comme chef d'état-major, le capitaine de vaisseau Courbet. Nous ne saurions mieux faire, à ce sujet, que de mettre sous les yeux de nos lecteurs l'appréciation qu'avait donnée l'amiral lui-même sur celui que, pour la deuxième fois, il avait choisi pour son *alter ego*.

« L'officier supérieur avait encore acquis, dit-il ; à ses qualités d'autrefois, il ajoutait le fruit de longs travaux, l'expérience due à des impositions importantes. Il était devenu l'officier le plus complet que j'aie rencontré dans ma longue carrière.

» Tour à tour second, commandant, officier de l'école des Canonniers, directeur de l'école des Torpilles, attaché aux états-majors des escadres, Courbet avait acquis, dans son passage à toutes ces positions, cette connaissance approfondie de tous les détails du service si nécessaire dans les expéditions lointaines...

» Courbet, avec un jugement d'une sûreté remarquable, n'aimait cependant pas à émettre une opinion sans avoir mûrement réfléchi ou sans avoir consulté des documents qu'il classait sur toutes choses avec la régularité d'un bénédictin...

» Il était sévère dans le commandement ; il avait la parole ferme, brusque, un peu dure quelquefois ; mais on s'habituait vite à sa justice inflexible, et ses équipages l'adoraient.

» S'il était exigeant pour le service, n'était-il pas le premier à donner l'exemple, lui qui ne tenait compte ni de son sommeil ni de sa santé, ni des fatigues qui usaient sa vie, quand le moindre devoir l'appelait?

» D'ailleurs, en dehors du service, on retrouvait l'amabilité et la bonté de son caractère. Il était un ami sûr et dévoué ; il se regardait comme le protecteur né de tous ceux qui avaient servi sous ses ordres.

» Il était inflexible sur la discipline pour lui-même, comme il l'était pour les autres, et jamais militaire n'a été plus soumis, plus respectueux pour l'autorité, n'importe d'où elle venait.

» Voilà l'homme! — Un grand chef dans toute l'acception du mot. »

Courbet resta avec l'amiral d'Hornoy pendant toute la durée de son commandement. Et, quand l'amiral Cloué fut ensuite placé à la tête de l'escadre, il voulut conserver pour chef d'état-major l'officier hors de pair qui avait été celui de son prédécesseur.

CHAPITRE III

Courbet gouverneur et amiral

I

Courbet resta pendant deux années avec l'amiral Cloué. Il fit, avec l'escadre, les campagnes de 1879 et de 1880, au cours desquelles il fut nommé au grade de commandeur de la Légion d'honneur. Puis, au mois de mai 1880, le gouvernement l'appela au poste de gouverneur de la Nouvelle-Calédonie. Il s'embarquait le mois suivant, à destination de son nouveau poste, et le 8 août il faisait son entrée à Nouméa, salué par quinze coups de canon tirés par des pièces de la rade et répétés par les batteries de terre.

Aussitôt installé Courbet, avec le coup d'œil et la décision qui étaient ses qualités dominantes, se mit à l'œuvre pour s'acquitter au mieux de ses nouvelles fonctions, auxquelles, ainsi qu'il le reconnaissait lui-même, il n'était guère préparé par ses services antérieurs.

Il s'appliqua à étudier, jusque dans leurs moindres détails, toutes les branches de la vaste administration placée sous ses ordres, et bientôt aucune question s'y rattachant ne lui fut étrangère. Au mois de novembre suivant, le gouverneur recevait sa nomination au grade de contre-amiral et le guidon de chef-division était remplacé par le pavillon de contre-amiral sur le mât du d'*Estrées*, le bâtiment principal de la station navale de la Nouvelle-Calédonie, dont il avait aussi le commandement.

Courbet eut bientôt à faire preuve d'énergie dans son nouveau poste. Peu de temps après son arrivée, des signes manifestes de mécontentement se produisirent parmi les déportés, auxquels le séjour de l'île est rendu obligatoire à l'expiration de la condamnation qu'ils subissent au bagne de Nouméa. Sans perdre de temps, le gouverneur demanda des renforts en Cochinchine ; et, par sa décision et son attitude énergique, il étouffa dans son germe l'insurrection qui était sur le point d'éclater par toute l'île.

A leur tour, les Canaques, enhardis par le soulèvement des déportés et voyant le gouverneur occupé à châtier ceux-ci, s'insurgèrent en masse et commirent des atrocités sans nom sur les Européens. L'intérieur de l'île fut bientôt en pleine révolte.

L'amiral Courbet organisa immédiatement une colonne expéditionnaire dont il prit le commandement; et sillonnant rapidement l'île en tous sens, il eut vite ramené les rebelles dans le devoir, après les avoir châtiés d'une manière exemplaire pour les actes de barbarie qu'ils avaient commis.

Cette campagne du gouverneur dans l'intérieur de l'île, a donné lieu à l'anecdote suivante qui est rapportée par quelques-uns de ses biographes :

Un jour, Courbet s'était avancé, avec quelques officiers de son état-major et une faible escorte, jusqu'à un village éloigné du centre de ses positions. La marche avait été très pénible sous le soleil de feu de la Nouvelle-Calédonie, et le besoin de se restaurer se faisait vivement sentir chez tous les membres du petit détachement.

Les marins se mirent alors en quête de découvrir quelque aliment dans les cases que les naturels avaient abandonnées, à l'approche des Français, et où seules étaient restées quelques vieilles femmes.

Le gouverneur avisa alors une hutte un peu plus grande que les autres et, suivi de son état-major, il y entra.

A leur entrée, les femmes qui se trouvaient

dans la hutte, croyant leur dernière heure
arrivée, se mirent à pousser des cris lamentables et tous les efforts faits pour arriver à
se faire comprendre d'elles, demeurèrent inutiles. Impossible de les rassurer sur les inten-
tions des visiteurs, aussi bien que de leur faire
part de l'état de besoin dans lequel ceux-ci se
trouvaient.

Les officiers se mirent alors à fureter dans la
case, mais, en vain; pas le moindre aliment ne
put être découvert. Tout à coup l'amiral avisa,
suspendu à l'une des parois de la hutte, une sorte
de chaplet de morilles; il l'indiqua à un de ses
officiers qui s'empressa de le décrocher, malgré les lamentations des femmes canaques, dont
les cris redoublèrent à ce moment. Quelques
œufs ayant enfin été dénichés dans les environs,
on se mit en devoir de fabriquer une omelette,
dans laquelle on mit, coupées en petits morceaux, les prétendues morilles trouvées par le
gouverneur; ce que voyant les femmes se
voilèrent la face, en poussant des cris affreux et
s'enfuirent, affolées, hors de la case.

L'omelette cuite à point, Courbet et ses
officiers la savourèrent avec un appétit d'autant plus grand qu'il avait été plus longtemps à
être satisfait puis, le repas terminé, ils se mirent
en rapport avec les naturels qui, encouragés par

l'attitude pacifique des Français, commençaient à rentrer dans le village. Bientôt, en effet, leur chef fut amené en présence du gouverneur et, après avoir fait sa soumission, il se plaignit à Courbet de ce que l'on avait enlevé de sa case, pour les manger, les cervelles de ses ancêtres qu'il conservait desséchées et enfilées en chapelet, comme les dieux lares de sa maison.

On juge de la stupéfaction de l'amiral et de ses compagnons de table qui, dans les cervelles desséchées des aïeux du chef canaque, n'eurent pas de peine à reconnaître les morilles succulentes qu'ils avaient savourées quelques heures auparavant! La relation ne nous dit point si l'estomac de nos officiers s'accommoda bien ou mal de cette étrange révélation.

II

Au mois de mai de 1882, Courbet fut remplacé dans son poste de gouverneur de la Nouvelle-Calédonie et, le 27 septembre suivant, il s'embarquait pour la France où il arrivait le 28 novembre.

L'amiral Courbet laissa, dans la colonie qu'il gouverna pendant deux années, les meilleurs souvenirs et, plus tard, quand il s'illustra dans l'Extrême-Orient, ses anciens administrés prouvèrent qu'ils ne l'avaient point oublié, en lui adressant leurs témoignages d'admiration les plus vifs et les plus sincères.

Après un repos de quelques mois, Courbet fut nommé, en avril 1883, au commandement de la division navale d'essais qui venait d'être formée à Cherbourg et, le 23 du même mois, il arborait son pavillon sur le cuirassé, le *Bayard,* qu'il ne devait plus quitter, qu'à de rares intervalles, jusqu'à sa mort.

A cette époque se place, dans la vie de l'amiral, un incident qui prouve combien il savait placer le devoir au-dessus de tout, même au prix des plus grands sacrifices.

Pendant son séjour en France, à son retour de Nouméa, Courbet, qui depuis longtemps déjà songeait à se marier, était sur le point d'épouser une veuve, riche et charmante, quand, au dernier moment, celle-ci formula une exigence inattendue. Elle exigeait que l'amiral prît l'engagement de ne jamais accepter de commandement hors de France, ne voulant pas quitter sa mère avec laquelle elle vivait depuis son veuvage. Malgré tout son désir de l'épouser et toute la peine qu'il devait ressentir de cette rupture, Courbet ne voulut point consentir à cette exigence, et il n'hésita pas un seul instant

à sacrifier son intérêt et ses sentiments, à son
devoir et à son patriotisme.

Cependant, de graves événements se pas-
saient, dans le même moment, en Extrême-
Orient. Le 26 mai 1883, la nouvelle de la mort
du commandant Rivière arrivait en France, où
elle povoquait la plus vive émotion.

Le gouvernement résolut d'envoyer immédiatement des renforts aux quelques troupes
qui se trouvaient alors au Tonkin. Le général
Bouët, qui commandait à Saïgon, reçut l'ordre
de se rendre à Hanoï pour prendre le commandement des troupes du corps expéditionnaire,
appelées à venger la mort de l'héroïque Rivière.
En outre, des renforts importants partaient de
France, à bord de l'*Annamite* et du *Mytho*.

Enfin, le ministre de la marine décidait qu'une
division navale, dite du Tonkin, serait formée
pour seconder sur mer l'action des troupes
de l'armée de terre. Le contre-amiral Courbet
fut désigné pour prendre le commandement de
cette division.

Le 26 mai, c'est-à-dire le jour même où la
nouvelle de la malheureuse sortie d'Hanoï
arrivait en France, l'amiral Courbet recevait, à
Cherbourg, l'ordre de se rendre à Paris, pour
prendre les instructions du gouvernement, en

même temps que celui d'envoyer à Alger le
Bayard, sur lequel il avait son pavillon.

La nomination de Courbet à ce poste d'honneur ne surprit personne dans la marine. « Le
renom que s'était déjà acquis l'amiral, dit à ce
sujet un des officiers qui servirent alors sous ses
ordres, sa réputation de marin savant et de chef
habile, le désignaient d'avance pour une mission
qui nécessitait de grandes et sérieuses qualités. »

Le 4 juin, l'amiral était à Alger, et il embarquait sur le *Bayard*, à destination de la
baie d'Ha-Long, où il arrivait le 20 juillet. Là,
le commandant en chef trouva différents navires,
qui étaient destinés à faire partie de sa division,
et qui l'attendaient pour prendre ses ordres.

III

La baie d'Ha-Long, où devait se former l'escadre de l'amiral Courbet, se trouve sur la côte
du Tonkin, aux bouches du Delta formé par les
différents bras du fleuve Rouge qui viennent se
jeter dans l'Océan, en face la grande île chinoise
d'Haïnan.

Rien de plus pittoresque que cette immense
baie qui forme comme le vaste port naturel de

toutes les villes, situées sur les arroyos du Delta
tonkinois. « Cette merveille naturelle, dit un
écrivain français qui suivit les opérations de
nos troupes au Tonkin, défie toute description.
Qu'on essaie d'imaginer que tous les monstres,
dont les banquises du nord inquiètent l'esprit
des marins, ont été poussés au fond du golfe du
Tonkin, se sont massés le long de la côte et
qu'on navigue au milieu des troupeaux de ces
énormes colosses, dont le nombre paraît aussi
incalculable que celui des grains de sable au
bord de l'Océan.

» Des milliers et des milliers de rochers de
quatre à cinq cents pieds de hauteur, surgissent
à pic du fond des eaux et dessinent des formes
si étranges, si rares, que l'imagination leur
découvre les ressemblances les plus inatten-
dues ; aux pics pointus, aux ballons arrondis,
aux crêtes ébrêchées se mêlent des pyramides
renversées en équilibre sur leurs pointes, des
trous gigantesques, des châteaux démantelés,
des profils de Béhémoths et de Léviathans (1)
à demi émergés, des dômes de cathédrale, des
fûts de colonne, des murailles en ruines qui
font penser à quelque ville que les Titans au-
raient habitée.

(1) Animaux monstrueux et fantastiques dont parle l'Ecriture-
Sainte.

» Les pans de marbre étaient de grandes surfaces nues et grises sur l'indestructible dureté desquelles rien n'a pu mordre, mais les sommets sont coiffés de buissons serrés, drus et courts qui ressemblent à une toison verte.

» La mer, étranglée en étroits couloirs, semble frappée de stupeur à voir tous ces colosses immobiles se regarder dans ses eaux; elle est noire et lèche leurs pieds silencieusement. Un calme de tombeau, un calme de pierre, lourd, écrasant, entoure leur solennelle tranquillité. Il y a peu d'êtres sur ces rocs. On n'y voit point d'oiseaux; à peine, sur ceux qui sont les plus voisins de la terre, entend-on parfois crier un singe qui joue dans le feuillage.

» Pendant des centaines de kilomètres, jusqu'au cap Pak-Lung, ce sont toujours de nouvelles surprises, des édifices chimériques et de vagues animaux fabuleux. »

La division navale du Tonkin, mouilla dans la baie d'Ha-Long, où son chef attendit les événements. Les instructions qu'avait reçues l'amiral Courbet, en quittant la France, étaient en effet, ainsi conçues :

« L'amiral Courbet surveillera activement les côtes de l'Annam et du Tonkin, jusqu'au détroit d'Haïnan, y compris le côté ouest de cette île. Il aura à garantir ces parages de tout acte

éventuel d'hostilité de la part des bâtiments de
guerre chinois. Toutefois, le gouvernement
désirant que cette éventualité ne se produise
pas, lui recommande d'agir à cet égard avec la
plus entière prudence. Il se tiendra prêt toutefois à repousser toute action des Chinois et à
bloquer étroitement le port de Pakhoï. Il assu-
rera, si cela est nécessaire, la navigation de nos
transports; en un mot, il garantira le corps
d'occupation de tout danger venant de l'extérieur. »

On le voit, à moins de complications nouvelles, le rôle de la division navale du Tonkin,
était absolument passif. Nous verrons plus loin,
comment les événements se chargèrent de
modifier ce rôle, et comment l'amiral Courbet
fut amené à prendre à la guerre du Tonkin, la
part glorieuse que tout le monde connaît.

Mais, auparavant, afin de faciliter à nos lecteurs l'intelligence des récits qui vont suivre,
jetons avec eux un coup d'œil rétrospectif sur
les événements dont la presqu'île indo-chinoise
avait été le théâtre, dans les dernières années
qui ont précédé la sortie d'Hanoï et la mort
héroïque du commandant Rivière et de ses compagnons d'armes.

Il est nécessaire, en effet, qu'un résumé aussi
succinct, mais aussi complet que possible, pré-

cède les chapitres qui vont suivre, dont l'action se déroule, entièrement dans l'Extrême-Orient et dont les événements n'ont été que la conséquence directe des faits que nous allons rappeler.

CHAPITRE IV

Au Tonkin. Son-Tay

I

S'il fallait remonter jusqu'aux causes premières de l'expédition du Tonkin, il faudrait se reporter en arrière de plus d'un siècle. En effet, lorsque, sur la fin du règne de Louis XV, l'Angleterre nous eut chassés de l'Hindoustan où le génie de Dupleix avait jeté les bases d'un empire colonial immense, notre prestige en Extrême-Orient devint nul ou à peu près. Le gouvernement de Louis XVI essaya, dans la mesure de ses moyens, de réparer cette lourde faute et il chercha une compensation à nos pertes en Asie, dans la presqu'île indo-chinoise. Le 20 novembre 1787, le roi de France, qui s'était déclaré l'allié et le protecteur du roi annamite Gia-Long, signait avec l'Annam un traité qui assurait le trône de Hué à la dynastie de ce prince.

Plusieurs Français, des officiers, des ingé-

nieurs, des missionnaires partirent alors pour
ce pays où ils reçurent du souverain le meilleur
accueil. Quelques-uns même parvinrent à sa
cour aux plus hauts emplois. Un prélat français, Mgr Pigneau de Béhaine, évêque d'Adran,
devint le confident et l'ami du roi d'Annam, et
ce furent nos officiers et nos ingénieurs qui or-
ganisèrent l'armée annamite, et qui élevèrent
les fortifications de Hué, dont nous devions
nous emparer un siècle plus tard.

Jusqu'à la mort de Gia-Long, notre prépon-
dérance dans l'Annam fut sans conteste; mais
quand ce prince eut disparu, on commença à
payer d'ingratitude les immenses services rendus au pays par nos compatriotes et, à partir de
1820, la cour de Hué n'a jamais cessé de se
montrer notre ennemie avérée.

Cela dura ainsi jusqu'en 1862. Mais, à cette
époque les vexations des Annamites contre nos
compatriotes, leurs persécutions contre les missionnaires, décidèrent le gouvernement français à
agir; une expédition fut dirigée sur l'Indo-
Chine, à la suite de laquelle, le 5 juin 1862, un
traité, nous assurant la possession de Saïgon et
de la Basse-Cochinchine, était conclu avec la
cour de Hué.

Après cette leçon, bien méritée du reste,
les Annamites demeurèrent tranquilles, ou

à peu près, pendant une vingtaine d'années. Mais, après la néfaste guerre de 1870, croyant notre puissance affaiblie en Europe, par la victoire de l'Allemagne sur nos armes, ils recommencèrent à s'agiter et à nous témoigner de nouveau une certaine hostilité. Les choses en étaient là, lorsqu'en 1873, un événement, en apparence insignifiant, vint mettre le feu aux poudres et détermina, de la part de la France, une action directe, d'où sortit, par la suite, la guerre meurtrière que nous avons eu à soutenir dans ces dernières années.

Un négociant français, établi en Chine, depuis longtemps déjà, Jean Dupuis, résolut en 1872, d'aller faire au Tonkin le trafic de ses marchandises. Dans ce but, il amena au Yunnam, dans les premiers mois de 1873, un chargement important et, malgré les pirates qui infestaient la contrée, se mit en devoir d'exercer son négoce sur les bords du fleuve Rouge.

Or, le gouvernement annamite s'opposa au libre commerce du négociant français. Celui-ci, s'appuyant sur le traité de 1862, qui accordait à nos nationaux les mêmes avantages commerciaux qu'aux Chinois, lesquels trafiquaient librement dans le pays, protesta et revendiqua hautement tous ses droits. L'affaire fut portée devant le gouvernement français. Celui-ci, malgré le désir qu'il avait de ne pas s'engager au Tonkin, avait cependant pour devoir de soutenir et de protéger les intérêts du négociant français, en cette circonstance. C'est ce qu'il fit.

Le 11 octobre 1873, un jeune officier de marine, Francis Garnier, partit de Saïgon, à destination d'Hanoï, capitale du Tonkin, pour régler avec le gouvernement annamite, l'affaire Dupuis. Mais, arrivé dans le pays, au lieu de trouver les autorités locales disposées à régler à l'amiable ce petit différend, il rencontra partout les marques de l'hostilité la plus évidente.

Francis Garnier n'avait avec lui que 180 hommes, mais il était jeune, ardent, brave et audacieux. Le 19 novembre il envoyait un *ultimatum* au gouverneur d'Hanoï, qui s'était enfermé dans la citadelle de cette ville avec 7,000 hommes, et le lendemain, à 10 heures du matin, n'ayant pas reçu de réponse satisfaisante, il attaquait la place.

L'opération réussit au-delà de toute prévision. Malgré leur infériorité numérique considérable, les compagnons d'armes de Garnier, attaquèrent l'ennemi avec une telle soudaineté et une telle vigueur que celui-ci surpris et perdant la tête, s'enfuit épouvanté. La citadelle d'Hanoï tomba en notre pouvoir, sans que la

petite troupe des Français eût à compter, dans
ses rangs, un seul homme tué ou blessé. Ce fut
une opération qui tint presque du prodige, et
l'on compulserait en vain les annales militaires
de tous les peuples pour trouver l'exemple d'un
pareil fait d'armes.

Mais là ne devaient pas s'arrêter les succès de
nos héroïques soldats. Une fois maître d'Hanoï,
Francis Garnier, sans perdre une heure, se mit
en devoir de soumettre tout le Delta du fleuve
Rouge. La conquête commença aussitôt et, en
peu de temps, elle atteignit et dépassa presque
les limites de l'invraisemblance. En moins de
trois semaines cinq forteresses tonkinoises
étaient enlevées, les routes balayées, les barrages des canaux détruits et le pays libre de
tout ennemi. Un jeune aspirant de marine de
20 ans, M. Hautefeuille, enlevait avec huit
matelots la forteresse de Ninh–Binh. C'était à
n'y pas croire. Officiers et soldats rivalisaient
d'audace et de témérité. Et, comme pour les
encourager encore davantage dans leurs éton-
nantes entreprises, la fortune leur souriait partout, justifiant une fois de plus le vieil adage
latin : *Audaces fortuna juvat.*

Malheureusement cette merveilleuse épopée
devait avoir une fin tragique et prématurée. Le
21 décembre 1873, Francis Garnier était attiré

dans une embuscade, sur la route de Son-Tay,
par une bande de pirates chinois sous les coups
desquels il tombait après une résistance désespé-
rée. Les Pavillons-Noirs, tel est le nom q l'on
donne à ces pirates, coupèrent la tête de l'in-
fortuné lieutenant et ses compagnons d'armes ne
purent ramener à Hanoï que le corps affreu-
sement mutilé de leur jeune et héroïque chef.

Avec Francis Garnier tomba l'œuvre qu'il
avait si merveilleusement commencée. Le gouvernement français conclut un arrangement
avec le gouvernement annamite. Le 2 janvier 1874, l'évacuation des forteresses si rapidement conquises par nos braves soldats com-
mençait, et le 12 février suivant la petite garnison d'Hanoï quittait la capitale du Tonkin
dont elle s'était emparée, nous l'avons dit, par
un coup de force véritablement unique dans
l'histoire.

Le 15 mars 1874, un traité était signé entre
la France et l'Annam, aux termes duquel les
consuls et agents français étaient autorisés à
résider au Tonkin, avec mission d'y protéger la
religion catholique, ainsi que le commerce eu-
ropéen et de détruire les pirates de terre et de
mer qui infestaient le pays.

Mais les choses ne devaient pas en rester là.
La cour de Hué fit tout ce qu'elle put pour que

le traité de 1874 demeurât à l'état de lettre
morte et, dans ce but, elle fit appel aux Chinois,
pour l'aider à se débarrasser des pirates. La
Chine qui, dans les temps passés, avait eu
l'Annam sous sa suzeraineté, mais, qui depuis
longtemps déjà avait abandonné ce pays à lui-
même, répondit à l'appel de la cour de Hué.
Des troupes régulières chinoises furent envoyées
sur le territoire tonkinois et se répandirent
dans tout le pays, où elles apportèrent toutes
les entraves possible au commerce des Européens.

Au mois d'octobre 1881, deux voyageurs
français, MM. Courtin et Villeroi, étaient, au
mépris des traités, attaqués par les soldats
chinois, et un des hommes de leur suite était
tué dans l'affaire. Nos résidents eux-mêmes ne
se sentaient plus en sûreté. De tous côtés les
renforts, les armes et les munitions arrivaient
aux Chinois et à leurs alliés, les Pavillons-
Noirs. Il était de toute évidence que l'Annam et
la Chine s'entendaient avec les pirates pour
nous faire chasser du Tonkin par ceux-ci.

En présence de cette situation, le gouverneur
de la Cochinchine, M. Le Myre de Villers, recevait du gouvernement l'ordre d'envoyer une
mission armée au Tonkin, afin de se rendre un
compte exact des événements dont ce pays

était le théâtre. Cette mission fut confiée au commandant Rivière, brave et intrépide officier de marine qui, comme Garnier, devait arroser de son sang le pays où il se rendait en négociateur.

Le commandant Rivière entrait dans Hanoï, avec ses compagnons d'armes, le 2 avril 1882. Dès son arrivée, il constatait que la citadelle était remplie de soldats et que partout, dans le pays, on faisait de grandes levées d'hommes et d'importants préparatifs de guerre.

En présence de cette hostilité marquée, Rivière somma le Tong-Dôc, ou gouverneur d'Hanoï, de désarmer et, sur le refus de celui-ci, l'attaqua, malgré l'infériorité notoire des forces dont il disposait et réussit à enlever la citadelle. Pour la deuxième fois, le drapeau français flottait sur les miradors de la capitale du Tonkin.

Une fois maître d'Hanoï, Rivière attendit les instructions du gouvernement français. Celui-ci avait repris les négociations avec la cour d'Annam; mais les Annamites faisaient traîner les choses en longueur le plus qu'ils pouvaient et, pendant ce temps, les Chinois prenaient solidement position dans le pays. Ils s'établissaient dans les places fortes de Son-Tay et de Bac-Ninh et s'avançaient même jusqu'à quelques kilomètres d'Hanoï, où Rivière et les siens étaient obligés de rester dans l'expectative.

Cependant il fallait en finir; les Chinois et leurs alliés, les Pavillons-Noirs, devenaient de plus en plus audacieux. Dans la nuit du 26 au 27 mars 1883, sous les ordres de leur grand chef Lung-Vin-Phuoc, les Pavillons-Noirs essayèrent de surprendre la citadelle d'Hanoï, mais la vigilance des Français déjoua leurs projets. Ils résolurent alors, avec l'aide des réguliers chinois, de bloquer la garnison et de la harceler continuellement. Cela dura jusqu'à la mi-mai.

A cette époque, le commandant Rivière prit la résolution d'opérer une sortie, sur la route de Son-Tay, avec une partie de la garnison. Le 19 mai, il quitta Hanoï et s'engagea sur la chaussée où, dix ans auparavant, Francis Garnier avait succombé sous les coups des mêmes ennemis qu'il allait combattre. Les Chinois et les Pavillons-Noirs guettaient le départ de la petite colonne; ils la laissèrent s'engager assez avant sur la chaussée puis, quand ils jugèrent le moment venu, ils l'attaquèrent de tous les côtés à la fois. Une lutte terrible s'engagea, au cours de laquelle, mortellement frappé, le brave Rivière tomba entre les mains des ennemis, qui coupèrent sa tête et l'emportèrent comme un trophée de leur victoire, ainsi qu'ils avaient fait en 1873, de celle de l'héroïque Francis Garnier.

La nouvelle de ce désastre arriva en France le 26 mai. Nous avons dit précédemment quelle émotion elle souleva et indiqué quelles mesures prit immédiatement le gouvernement pour venger le sang de nos soldats. Voyons donc maintenant comment s'accomplit cette œuvre de justice nationale à laquelle l'amiral Courbet se trouvait devoir prendre une part si large et si glorieuse.

II

Dès son arrivée dans la baie d'Ha-Long, Courbet s'était mis en relations avec M. Harmand, commissaire-général civil de la France au Tonkin, et avec le général Bouët qui avait le commandement supérieur des troupes de terre stationnées dans le Delta.

Dans un conseil de guerre, tenu le 30 juillet, à Haï-Phong, où s'était rendu l'amiral, il fut décidé qu'une action énergique serait tentée sur la capitale de l'Annam. C'est à Hué, en effet, qu'il importait de frapper tout d'abord, pour montrer à la cour d'Annam que nous n'é-

tions pas dupes de sa duplicité et de sa fourberie
à notre égard.

Une expédition fut donc décidée contre Hué
et rendez-vous fut pris à Tourane, pour le
16 août, entre la division navale du Tonkin et
les bâtiments qui devaient venir de Saïgon, afin
de la seconder dans cette entreprise.

Le *Bayard*, le *Château-Renaua* et le **Lynx**
quittèrent la baie d'Ha-Long le 14 août; le 16
ils arrivaient en vue de la rivière de Hué, dont
ils reconnaissaient les approches et les travaux
de défense. Les renforts de Saïgon arrivèrent
dans la soirée et dans la journée du lendemain.
Le 18 au matin, l'escadre au complet s'embos-
sait devant les forts de Thuan-An et l'amiral
intimait aux Annamites, venus pour lui deman-
der la cause de sa présence, l'ordre de rendre
les forts dans les deux heures, sous peine de
bombardement.

A quatre heures et demie Courbet, n'ayant
reçu aucune réponse, ordonna l'attaque et le
feu commença, chaque bâtiment dirigeant ses
coups sur l'ouvrage dont il était particulièrement chargé. Au septième ou huitième coup
seulement les Annamites ripostèrent; mais leurs
canons étant de faible portée, leurs projectiles
venaient à peine à moitié route de l'escadre.
Seule, la canonnière la *Vipère*, qui était mouillée

très près de terre, fut plusieurs fois touchée par
des boulets venus du fort du Nord qu'elle avait
mission d'attaquer.

Le bombardement dura jusqu'à 8 heures du
soir. L'ennemi répondait à notre feu avec énergie, et l'amiral déclara lui-même que sa vive
résistance dénotait un réel courage ; car, malgré
la houle qui gênait le tir de nos bâtiments, nos
obus touchaient juste et devaient faire de
grands ravages dans les rangs des défenseurs.

La canonnade cessa avec la nuit. Le débarquement devait se faire le lendemain 19, à 6 heures du matin. Mais, l'état de la mer ne permit
pas d'aborder la plage ce jour-là et l'on dut se
borner à canonner de nouveau le rivage et les
forts. Le *Bayard* reçut alors un boulet rond qui
perça la muraille de sa batterie, brisa l'affût
d'une pièce et blessa grièvement un matelot.

Le 20, au petit jour, la canonnade recom-
mença avec plus d'énergie que la veille, afin de
déblayer la plage pour le débarquement. A
5 heures 45 minutes, les troupes de débarquement, fortes de 1,050 hommes avec 15 canons,
prenaient place sur les canots des navires, pendant que la musique du *Bayard* jouait la *Mar-
seillaise*. Arrivés à quelques brasses de la rive,
nos braves soldats et marins se mettaient à l'eau
jusqu'à la ceinture et s'élançaient à l'attaque,

sous les ordres du capitaine de vaisseau Parayon.
« Tout le monde était arrivé sur le sable,
raconte un témoin oculaire de ce brillant fait
d'armes, malgré les balles et la pluie de bom-
bettes que des gens invisibles, cachés derrière
les dunes, lançaient d'en-haut. Vite, on avait
commencé à monter et à courir, en gardant un
silence de mort. Et puis, tout à coup, dans une
ligne de tranchées, merveilleusement établies,
qui semblaient entourer toute la presqu'île, on
avait trouvé des gens qui guettaient, tapis
comme des rats sournois dans leurs trous de
sable. On les avait presque tous tués là, sur
place, au milieu de leur effarement, à coup de
baïonnette. »

Cependant l'artillerie des forts tirait avec
vigueur, mais en vain sur les assaillants. En
quelques instants, le fort du Nord était enlevé
par le lieutenant de vaisseau Poidloue qui se
mettait de ce côté à la poursuite de l'ennemi,
pendant qu'au sud, le commandant Parayon,
soutenu par les canons de débarquement du
Bayard, montait à l'assaut du fort principal,
dont il faisait sauter la porte d'entrée, au moyen
d'une cartouche de fulmi-coton. A 9 heures 45,
le drapeau tricolore remplaçait au sommet des
fortifications le grand pavillon jaune de l'Annam. Les deux ouvrages principaux qui défen-

daient l'entrée de la lagune au fond de laquelle
est construite la ville de Hué, étaient en notre
pouvoir. Dans l'après-midi, les canonnières, la
Vipère et le *Lynx*, franchissaient le barrage de la
rivière et leurs canons mettaient en fuite les
derniers défenseurs des forts du Thuan-An.

Vers le milieu de la nuit, le ministre des
affaires étrangères du roi d'Annam apporta des
propositions de paix; un armistice fut conclu
d'abord, puis le 25 août suivant, un traité fut
signé entre la France et l'Annam, aux termes
duquel : 1° le protectorat de la France sur l'Annam et sur le Tonkin était reconnu ; 2° la
France annexait à la Cochinchine la province
annamite de Binh-Thuan ; 3° une garnison française devait occuper, d'une façon permanente,
les forts de Thuan-An ; 4° les troupes annamites
devaient être rappelées du Tonkin ; 5° la France
se chargeait de chasser du Tonkin les Pavillons-
Noirs et d'assurer la liberté du commerce dans
ce pays ; 6° le représentant de la France devait
avoir le privilége, toujours refusé jusqu'alors,
des audiences personnelles auprès du souverain
de l'Annam.

Le brillant fait d'armes qui avait amené ce
prompt dénouement était tout à l'honneur de
l'amiral Courbet et de son escadre, ainsi qu'à
celui de l'infanterie de marine qui avait pris

part au débarquement ; aussi des récompenses furent-elles accordées sur la proposition du commandant en chef aux officiers, soldats et marins qui s'étaient plus particulièrement distingués dans cette occasion ; les uns furent promus au grade supérieur, d'autres reçurent la croix de la Légion-d'Honneur ou la médaille militaire.

Le 23 août, l'amiral adressait à ses troupes et équipages l'ordre du jour suivant :

« Vous avez vaillamment combattu, **vous** avez montré une fois de plus ce que la France pouvait attendre de votre patriotisme.....

» En quelques jours vous avez donné un nouveau prestige au nom français dans l'Extrême-Orient.

.» Voilà les premiers résultats de vos succès. La France entière y applaudira. »

Cependant, le traité de Hué, quelque avantageux qu'il parût être pour nous, ne devait point mettre fin à l'expédition du Tonkin. Plus audacieux que jamais, malgré deux échecs qu'ils avaient essuyés dans les journées du 18 août et du 1er septembre et à la suite desquels ils avaient été rejetés sur la rive droite du Day (l'une des branches du fleuve Rouge), les Pavillons-Noirs continuaient à tenir la campagne avec la plus grande tenacité. Retranchés

dans les places de Son-Tay et de Bac-Ninh qui
formaient la base principale de leurs opérations,
ils étaient pour nos troupes une menace conti-
nuelle; souvent même, ils s'avançaient jusqu'aux portes de Hanoï ou de Haï-Phong, pour
attaquer les postes établis par nous dans le
pays. C'est ainsi qu'à deux reprises différentes,
le poste d'Haï-Dzuong courut les plus grands
dangers et ne fut conservé que grâce à l'énergie
de nos officiers et à l'héroïsme de nos soldats.

Malheureusement, l'entente n'existait guère
entre le commissaire-général civil, M. Harmand
et le commandant supérieur des troupes de
terre, le général Bouët. Aussi pour mettre fin
aux regrettables dissentiments qui se produi-
saient entre ces deux personnages, le gouvernement résolut de confier le commandement en
chef des troupes de terre et de mer au contre-
amiral Courbet, remettant ainsi entre les mains
de cet officier général la part d'autorité la plus
grande au Tonkin.

L'amiral confia alors le commandement de son
escadre au contre-amiral Lespès et, suivi de
son état-major et de renforts en hommes et en
canons, il partit pour Hanoï, où il établit son
quartier-général et la base de ses opérations,
le 27 octobre 1883.

—

III

En attendant les renforts qui lui étaient annoncés de France, Courbet chercha à se rendre un compte exact de la situation, et il eut vite reconnu qu'une action énergique et prompte contre les places de Son-Tay et de Bac-Ninh, qui servaient de refuge aux Pavillons-Noirs, était indispensable. Il mit donc tout en œuvre pour préparer cette expédition et pour en assurer le succès. Tout le mois de novembre et la première dizaine de décembre furent employés à ces préparatifs.

Ce fut Son-Tay qui fut choisi pour premier objectif. Le 11 décembre, au lever du soleil, l'amiral, qui avait gardé secret jusqu'alors le but de l'expédition, donnait les ordres pour l'embarquement des troupes devant composer sa petite armée, sur la flottille qu'il avait concentrée, à Hanoï, à cet effet. Trois mille hommes, avec armes et bagages, prirent place, en deux heures, sur les canonnières, chaloupes et jonques ancrées sur le fleuve Rouge. L'expédition se composait de trois bataillons d'infanterie de marine, d'un bataillon de fusiliers marins, de trois compagnies de tirailleurs

cochinchinois, et de 4 batteries d'artillerie ;
elle était commandée par le colonel Bichot. En
outre de ses jonques et de ses remorqueurs, elle
comprenait trois grandes canonnières : le
Pluvier qui portait le pavillon de l'amiral, la
Trombe et l'*Eclair ;* trois petites canonnières :
la *Hache,* le *Mousqueton* et le *Yatagan* et trois
chaloupes à vapeur.

En même temps, une seconde colonne, sous
les ordres du colonel Belin, prenait la route de
terre, pour marcher sur Son-Tay par un autre
côté ; elle se composait de deux bataillons de
tirailleurs algériens, d'un bataillon de la légion
étrangère, d'un bataillon d'infanterie de marine,
d'une compagnie de tirailleurs cochinchinois,
de huit cents auxiliaires tonkinois et de trois
batteries d'artillerie.

Le soir même, la première colonne débar-
quait à peu de distance de Son-Tay et l'amiral,
établissant son quartier-général sur le bord du
fleuve, employait toute la journée du lendemain
à faire reconnaître le pays. Le 13, la colonne du
colonel Belin opérait sa jonction avec le corps
principal et l'attaque était décidée pour le lendemain 14 décembre.

La ville de Son-Tay qui est située sur la rive
droite du fleuve Rouge, compte une population de 15 à 18,000 âmes. En partant du fleuve,

on suit d'abord une route qui traverse une partie de la ville ; on arrive alors à une première enceinte fortifiée en terre, autour de laquelle passe un chemin qui contourne la forteresse pour conduire à la porte nord de la citadelle, établie à 800 mètres environ du fleuve. Cette première muraille est séparée de l'enceinte de la citadelle par un espace de 3 à 400 mètres de largeur, couvert de maisons, casernes et bâtiments divers.

La citadelle forme un vaste quadrilatère de 500 mètres de côté. Elle est construite en briques et en maçonnerie et flanquée d'un bastion sur chacune de ses faces ; elle a été construite à la fin du siècle dernier par des ingénieurs français au service de l'Annam, d'après les principes de la fortification mis en pratique par l'illustre Vauban. A chacun des points cardinaux est percée une porte. Au centre, se trouve une pagode, autour de laquelle sont élevés les divers bâtiments réservés aux mandarins et à l'administration.

Au moment où la petite armée française arrivait devant Son-Tay, les travaux de défense de cette place pouvaient se résumer de la manière suivante : A l'extérieur de la ville, de nombreuses pagodes et habitations fortifiées par des haies vives en bambous et par des

parapets en terre percés de créneaux, défen-
daient l'approche de la première enceinte ; puis,
même disposition du terrain, avec des batteries
casematées, et de nombreuses défenses acces-
soires entre la première muraille et la citadelle;
enfin , la citadelle, protégée par un fossé de
vingt mètres de largeur, rempli d'eau et de
vase, sur une profondeur moyenne de plus d'un
mètre, avec des talus à pic revêtus de maçonnerie. Ce réduit central était fermé au moyen
de portes massives en bois communiquant avec
l'extérieur par un pont en briques, terminé à
son autre extrémité par une forte palissade en
bambous.

Les portes étaient reliées entre elles par un
parapet percé d'embrasures et de créneaux,
revêtus en bois ou en clayonnages et permettant
aux défenseurs de faire feu sur les assaillants
sans se découvrir. On le voit, les défenses de
Son-Tay étaient véritablement redoutables. De
plus la garnison était composée d'hommes
aguerris et préparés de longue date à la résistance qu'ils allaient avoir à soutenir.

L'amiral Courbet alla reconnaître lui-même
les positions ennemies. Puis, quand il les eut
examinées, sous un feu roulant d'artillerie et de
mousqueterie, il donna le signal de l'attaque,
et lança deux bataillons d'infanterie de marine

sur la position de Phu-Sa qu'il considérait, à
juste raison, comme étant la clef de la place. En
même temps, il faisait avancer deux batteries
d'artillerie qui, aidées par les canons de la *Fan-
fare*, prenaient à revers les casemates où s'abri-
taient les soldats ennemis.

Les Pavillons-Noirs opposèrent à notre attaque une résistance énergique et, à un moment
même, essayèrent une diversion sur notre flanc
gauche. A 4 heures, l'amiral ordonna l'assaut
de Phu-Sa. Nos soldats s'élancèrent avec impé-
tuosité sur la position ennemie où les défenseurs s'étaient solidement barricadés. Par deux
fois, en présence du feu meurtrier qui l'accable,
la colonne d'attaque est repoussée en éprouvant
des pertes importantes : le capitaine Godinet,
des tirailleurs, et son adjudant sont tués ; un
commandant est blessé à la cuisse ; le capitaine
Cuny, de l'infanterie de marine, est blessé au
bras et le lieutenant Clavet qui le remplace
tombe près de lui quelques instants après. Les
maisons construites en avant de la citadelle
sont en feu. L'amiral voyant la nuit arriver
fait cesser le combat et s'établit solidement,
avec de l'artillerie, en avant de la terrible barricade contre laquelle s'était heurtée en vain la
bravoure de ses troupes.

Pendant la nuit, les Pavillons-Noirs essayèrent à plusieurs reprises de surprendre nos positions; mais, les nôtres faisaient bonne garde; enfin, vers quatre heures du matin, voyant leurs efforts inutiles, ils se décidèrent à abandonner la barricade et toutes leurs positions extérieures, pour se renfermer dans la citadelle. Cette nuit du 14 au 15 fut très pénible pour nos soldats, obligés de se défendre dans l'obscurité, contre un ennemi connaissant parfaitement les lieux et de beaucoup plus nombreux qu'eux. Aussi, dans son rapport au gouvernement, l'amiral se plaisait-il à rendre justice, à cette occasion, à ses braves compagnons d'armes.

« Après avoir montré un entrain admirable dans l'assaut de Phu-Sa, disait-il, et retrouvé une fois de plus cet élan qui les a illustrés dans tant de batailles, nos troupes, tirailleurs algériens et infanterie de marine, ont déployé, au milieu de l'obscurité, durant ces longues heures de lutte, une bravoure, un sang-froid et une énergie dignes des plus glorieuses journées de leur histoire. »

Le 15, à 7 heures du matin, nos soldats franchissaient la terrible barricade, derrière laquelle ils trouvaient, confondus et pêle-mêle, des cadavres de Chinois et de Français, ces derniers horriblement mutilés.

L'amiral employa toute cette journée à occuper les positions évacuées par l'ennemi, réservant l'attaque de la citadelle pour le lendemain.

Le 16, au matin, une attaque fut simulée sur la porte Nord, pendant que tout le gros des forces françaises était dirigé sur la porte Ouest qui paraissait être au commandant en chef le point le plus vulnérable de la place. La fusillade et la canonnade commencèrent alors, de part et d'autre, avec une très grande intensité. L'amiral, accompagné de son état-major, se porta de lui-même en avant des lignes pour reconnaître la position et s'établit sur un tertre d'où, calme et impassible au milieu de la tempête de fer et de feu qui s'abattait autour de lui, il expédia ses ordres pendant tout le temps que dura le combat.

En vain, les Pavillons-Noirs qui s'étaient aperçus de sa présence sur ce point y dirigèrent-ils un feu violent et continuel ; en vain, pour exciter leurs soldats, firent-ils apporter, sur le parapet faisant face au tertre où était l'amiral, leurs grands étendards noirs à lettres blanches, qu'ils balançaient dans les airs à la vue de nos soldats ; l'amiral était invulnérable ; pas un projectile ne l'atteignit.

Trois batteries, mises en position sur les ordres du commandant en chef, couvraient d'un feu roulant les parapets de la citadelle, protégeant la marche de l'infanterie qui se rapprochait peu à peu du rempart, et qui, à 5 heures du soir, était à peine à cent mètres du fossé. A ce moment, l'amiral fit cesser le feu de l'artillerie et commanda : En avant !

Les clairons sonnèrent la charge ; un immense cri de : Vive la France! s'échappa de toutes les poitrines et, légionnaires, marins, turcos et fantassins s'élancèrent à l'assaut, comme un torrent impétueux qu'aucune digue ne saurait arrêter. En arrière, les hommes de la réserve trépignaient d'impatience et leurs chefs avaient toutes les peines du monde à les contenir.

Malgré la mitraille qui les accable, nos braves soldats s'avancent quand même ; beaucoup d'entr'eux tombent frappés par les balles ennemies ; mais rien ne peut arrêter leur élan. Le capitaine Mehl, de la légion étrangère, tombe mortellement atteint, au moment où ses hommes, parvenus au pied du rempart, s'établissent sur le parapet. Pendant ce temps, les marins déblaient la poterne, à coups de hache et essayent d'abattre la haie de bambous qui, seule, les empêche maintenant de pénétrer dans la place. Enfin, les bambous cèdent. Le soldat Minnaërt, de la légion étrangère ; le quartier-maître Le Guirizec, des fusiliers marins et le caporal Mouriaux, de l'infanterie de marine, entrent les premiers dans l'intérieur de la position, suivis bientôt par des masses nombreuses qui se mettent à la poursuite de l'ennemi. A cinq heures et demie, le drapeau français a remplacé sur les murailles de Son-Tay les grands étendards sombres des Pavillons-Noirs et, quelques instants après, l'amiral Courbet fait son entrée dans la place, que la nuit commence à couvrir de ses voiles.

L'amiral, redoutant, avec raison, les dangers d'une poursuite nocturne, dans une ville inconnue, donna l'ordre de cesser le combat et fit établir fortement ses troupes dans leurs positions, dans la crainte d'un retour offensif de la part de l'ennemi.

Mais, cette fois, les Pavillons-Noirs étaient entièrement découragés; ils évacuèrent la citadelle en silence, pendant la nuit, et le lendemain matin, quand nos officiers s'avancèrent pour en reconnaître les abords, ils constatèrent qu'elle était libre et y pénétrèrent sans coup férir. A neuf heures, l'amiral y faisait son entrée, aux acclamations enthousiastes de ses soldats; un drapeau tricolore, formé de trois lambeaux de pavillons ennemis noués ensemble, flottait sur la grande tour de la citadelle. Son-Tay était à nous.

Les Français trouvèrent dans la citadelle de Son-Tay, que l'ennemi avait abandonnée avec la plus grande précipitation, des canons, des munitions, de l'argent, des vêtements et des objets de toute sorte appartenant aux mandarins chinois et à leurs soldats.

L'ennemi eut, dans les deux journées du 14 et du 16, environ 900 hommes tués et un nombre considérable de blessés, parmi lesquels deux de ses principaux chefs. De notre côté, nous comptions 83 morts, dont 4 officiers et 319 blessés, parmi lesquels 22 officiers.

Le jour même, l'amiral Courbet adressa à ses troupes l'ordre du jour suivant, éloquent par sa noble simplicité :

Soldats et marins ,

« Les forts de Phu-Sa et la citadelle de Son-Tay sont désormais illustrés par votre vaillance. Vous avez vaincu un ennemi redoutable et montré une fois de plus au monde entier que la France peut toujours compter sur ses enfants. Soyez fiers de vos succès, ils annoncent la pacification du Tonkin. »

La prise de Son-Tay était un magnifique fait d'armes; après l'héroïque défense de Tuyen Quan, c'est la plus brillante action de guerre de toute la campagne du Tonkin. L'amiral avait mené toute cette expédition avec une précision, une vigueur et une énergie admirables ; il avait émerveillé tout le monde par sa bravoure et son sang-froid et, aux yeux de ses soldats, il passait pour un véritable héros.

Deux nouvelles qui lui parvinrent, coup sur coup, peu de jours après sa glorieuse victoire, devaient malheureusement troubler la joie si légitime que ressentait ce grand cœur, en le frappant, à des points de vue différents, d'une façon bien cruelle, toutes les deux.

A peine rentré à Hanoï, Courbet apprenait la mort de son frère bien-aimé, de celui qui avait guidé ses débuts dans la vie et qui lui avait, pour ainsi dire, servi de père. Il fut vivement affecté par cette fatale nouvelle à laquelle, bien que son frère fût malade depuis longtemps, il était loin de s'attendre aussitôt.

L'autre nouvelle, fut celle de son remplacement, à la tête du corps du Tonkin, par le général Millot.

Il était dur, en effet, pour un soldat, pour un chef, de se voir remplacé à la tête de ses troupes, au lendemain du jour où il venait de les conduire à la victoire et de donner à la France le premier rayon de gloire militaire qu'elle eût eu depuis 1870. Courbet fut profondément blessé par cette mesure que les exigences de la politique avaient dictée au gouvernement de son pays ; et cela, au moment même où, par sa fermeté, son énergie, sa prudence et sa sagacité, il allait commencer l'œuvre de pacification qu'il se proposait d'accomplir après avoir chassé les Pavillons-Noirs du Delta du Tonkin.

Il se résigna et, en attendant l'arrivée de son successeur, il compléta sa campagne de Son-Tay en organisant une expédition dans la province de Nam-Dinh, d'où le colonel Brionval chassait les bandes chinoises et en préparant une expédition sur Bac-Ninh, dernier refuge des Pavillons-Noirs dans le Delta.

Le général Millot arrivait au Tonkin dans les premiers jours de février et l'amiral lui remettait le commandement du corps expéditionnaire auquel il adressait, avant son départ, l'ordre du jour ci-après, qui montre suffisamment combien il regrettait de se séparer de ses vaillants compagnons de dangers et de gloire.

Soldats et marins.

« Il y a deux mois nous marchions sur Son-Tay. Je comptais bien vous conduire à Bac-Ninh ; cet honneur ne m'est point réservé. Sous peu de jours, je dois remettre à M. le général

Millot le commandement en chef de l'expédition du Tonkin.

» Recevez mes adieux. C'est avec un profond chagrin que je vous quitte. Jamais je n'oublierai avec quelle bravoure vous avez tenu le drapeau de la France. Mon ambition eût été de partager encore vos dangers et votre gloire et j'applaudirai de cœur à vos nouveaux succès. »

Le gouvernement français, comme pour donner à l'illustre marin une compensation, l'élevait, dans le même moment, au grade de vice-amiral.

Déjà, dès que la prise de Son-Tay avait été connue en France, Courbet avait été promu à la dignité de grand-officier de la Légion d'honneur. Mais, malgré toutes ces récompenses il n'en ressentit pas moins une profonde tristesse de ce remplacement subit et sans motifs, opéré juste au moment où, par une brillante victoire, il rétablissait le prestige du nom français dans l'Extrême-Orient et assurait d'une façon si éclatante notre puissance au Tonkin.

Le 13 février 1884, l'amiral Courbet remontait sur son cher *Bayard*, qui devait le conduire à des succès plus grands encore que ceux qu'il avait remportés jusqu'alors, et sur lequel la mort devait venir le frapper en vrai soldat, en vrai marin : à son poste, presque à son banc de quart.

CHAPITRE V

Fou-Tchéou et la rivière Min

I

Pendant que le corps expéditionnaire du Tonkin se couvrait de gloire à Son-Tay, la division navale continuait sa pénible croisière sur les côtes de l'Annam, dont elle avait pour mission d'assurer le blocus.

Ce fut donc à cette tâche ingrate que, remonté sur ses bâtiments, l'amiral Courbet dut se consacrer de nouveau. Il le fit avec ce sentiment si profond du devoir qui était le propre de son beau et grand caractère.

Le 16 mars, il apprenait à Thuan-An la prise de Bac-Ninh par les troupes du corps expéditionnaire. Il envoya aussitôt au général Millot un télégramme de cordiales félicitations.

Cette pénible croisière, sous le ciel de feu de l'Extrême-Orient, dura jusqu'à la fin de juin.

La baie d'Ha-Long était le centre de ravitaillement de l'escadre; et les navires qui n'é-

taient pas employés au service de surveillance
des côtes y séjournaient en attendant leur tour
de marche. Le séjour de cette baie était peu
agréable, si l'on en juge par les lignes suivantes
extraites d'une lettre que l'amiral écrivait dans
le courant de juin, à un de ses amis :

« ..... Ici on cuit, disait-il, ou pour mieux
dire on bout, car le milieu où l'on vit est un
mélange d'air et de vapeur d'eau à une tempé-
rature très désagréable ; malgré cela toutes les
santés se comportent assez bien ; tout le monde
s'en tire avec résignation et pas mal de petits
bobos printaniers.

» A bord du *Bayard*, qui est tout en tôle et
où le thermomètre marque toujours deux ou
trois degrés de plus qu'ailleurs, l'épreuve est
plus rude que chez les voisins ; notre exemple
les soutient et nous sommes soutenus par la
perspective d'un prochain retour. »

Mais, ce prochain retour qu'entrevoyait l'a-
miral ne devait pas se réaliser. La France venait
de conclure avec la Chine la convention de Tien-
Tsin, aux termes de laquelle les troupes du
Céleste-Empire devaient évacuer toutes les places qu'elles occupaient au Tonkin, lorsqu'arriva
à la baie d'Ha-Long la nouvelle du guet-apens
de Bac-Lé. Le 23 juin, une colonne française,
forte de 600 hommes, qui, sur la foi de la con-

vention de Tien-Tsin, allait prendre possession
de la place de Lang-Son, avait été attaquée, par
surprise dans le défilé de Bac-Lé, par 10,000
réguliers chinois. Pendant deux jours nos héroïques soldats avaient lutté contre ces forces
considérables et n'avaient pu opérer leur
retraite qu'au prix des plus grands efforts et en
essuyant des pertes considérables.

Un vif sentiment de consternation et d'indi-
gnation s'était manifesté en France, à l'annonce
de cet odieux guet-apens. Le gouvernement,
résolu à châtier la duplicité des Chinois, envoya
l'ordre à l'amiral Courbet de prendre le commandement des deux divisions navales de
Chine et du Tonkin, et de remonter vers le
nord pour appuyer, par sa présence, les négociations nouvelles entamées par nos diplomates.

Le 29 juin, l'amiral quittait la baie d'Ha-
Long et le 6 juillet, après être passé par Shang-
Haï, où il eut une entrevue avec le plénipoten-
tiaire français, M. Pâtenôtre, l'amiral allait
prendre le commandement des deux divisions
placées sous ses ordres. Le 14, il retrouvait
le *Bayard* au mouillage de l'île Matsou, à
15 milles au sud-est de l'embouchure de la
rivière Min, sur laquelle s'élève la grande ville
chinoise de Fou-Tchéou.

La présence de la flotte française sur les côtes

de Chine sembla tout d'abord opérer d'une façon salutaire sur les conseils du gouvernement chinois qui montra alors des dispositions assez conciliantes.

« Ce n'était pas la première fois, dit à ce sujet un officier de marine qui a écrit l'histoire de cette campagne, que les Chinois s'alarmaient des faits et gestes de la flotte. La nouvelle de l'envoi dans le nord de la division navale du Tonkin avait été pour eux une cause d'effroi et de protestation. La personne même de l'amiral Courbet faisait sur leur esprit tout autant d'effet que son escadre entière. Le vainqueur de Son-Tay était devenu rapidement légendaire et sous le nom du « terrible Coupa » remplissait de terreur tous les Fils du ciel. »

Malheureusement ces bonnes dispositions durèrent peu ; la lenteur des négociations diplomatiques ayant laissé l'escadre dans l'inaction, le prestige qui s'attachait à son terrible chef fut vite diminué aux yeux des Orientaux et leurs prétentions et leur arrogance s'en accrurent d'autant.

Aux explications qui lui furent demandées sur le guet-apens de Bac-Lé, le Céleste-Empire répondit en se retranchant derrière un soi-disant malentendu et en s'appuyant sur une prétendue erreur qui aurait été commise dans le texte de la convention conclue à Tien-Tsin entre le vice-roi Li-Hung-Chang et le capitaine de vaisseau Fournier.

La mauvaise foi de la cour de Pékin était évidente ; mais, malgré cela, le gouvernement français ne précipita point les événements et les négociations continuèrent pendant plusieurs semaines sans qu'il fût possible de s'entendre. Enfin, la rupture étant devenue imminente, l'escadre reçut l'ordre de se tenir prête à agir.

L'amiral avait, depuis longtemps déjà, pris Fou-Tchéou comme objectif de l'action qu'il était appelé à diriger contre la Chine. Cette ville est, en effet, le siége du principal arsenal maritime du Céleste-Empire et son importance commerciale est considérable ; c'est le marché le plus important de toute l'Asie pour le commerce du thé, et on n'estime pas à moins de quarante millions de kilogrammes l'exportation qui s'y fait annuellement de cette denrée.

De plus, en outre de l'importance militaire que donne à Fou-Tchéou son immense arsenal maritime, cette ville constitue encore un point stratégique très important, comme étant un des quatre grands ports d'attache des flottes de l'empire chinois.

Fou-Tchéou, dont la population est d'environ

600,000 habitants, n'est pas située à l'embouchure même de la rivière Min ; mais à 56 kilomètres dans l'intérieur des terres. C'est quelque chose comme le Rochefort de la Chine.

La ville, entourée de fortifications, est bâtie à 3 kilomètres de la rivière ; elle est habitée par les mandarins et par la colonie tartare. Entre elle et la rivière se trouve un immense faubourg dans lequel se concentre toute l'activité commerciale. La colonie européenne est établie dans l'île de Nantaï qu'un grand pont en granit, qui date du onzième siècle, relie à la terre ferme. L'arsenal, le plus important de tout l'Empire, a été construit, à grands frais, par deux officiers de la marine française, MM. Gicquel et d'Aiguebelle ; il est situé en aval de la ville, sur le cours même de la rivière.

L'escadre qui, jusqu'alors, était demeurée au mouillage de l'île Matsou, à l'embouchure même de la rivière Min, reçut l'ordre de remonter le fleuve et d'aller mouiller devant l'arsenal de Fou-Tchéou. Cette mission était délicate et périlleuse et il ne fallait rien moins qu'un homme comme Courbet pour la mener à bonne fin. Pour remonter la rivière et se rendre devant l'arsenal, la flotte française avait, en effet, à défiler devant toutes les défenses élevées sur les deux rives et en avant de la ville de

Fou-Tchéou et ces défenses étaient formidables.

Une île, qui porte le nom d'île Woufrou couvre l'entrée de la rivière, formant deux passes, dont l'une, celle de droite, appelée passe de Kimpaï, est seule navigable ; elle n'a guère plus de 350 mètres de largeur et est défendue sur les deux rives par une série d'ouvrages fortifiés qui croisent leurs feux et rendent le passage presque impossible pour des navires ennemis.

Après la passe de Kimpaï, la rivière a une largeur moyenne de 2,000 mètres pendant environ 25 kilomètres ; puis, elle s'étrangle de nouveau et il faut passer par un deuxième passage étroit, qui porte le nom de passe Mingan et que de nombreuses batteries, la plupart casematées, protègent de leurs feux croisés.

Enfin entre la passe Mingan et l'arsenal se trouvent encore plusieurs points fortifiés, notamment sur l'île Losing, qui coupe le fleuve en deux à quelques kilomètres en avant de l'arsenal. C'est là que se trouve le mouillage de la Pagode, où se tient ordinairement la flotte chinoise quand elle vient jeter l'ancre devant Fou-Tchéou.

L'opération qu'avait à effectuer l'amiral Courbet était d'une délicatesse extrême et pour qu'elle réussît, il n'y avait pas la moindre faute à commettre.

L'amiral laissa à Matsou le *Bayard* auquel son fort tirant d'eau ne permettait pas de s'engager dans la rivière; puis, arborant son pavillon sur le *Volta*, et suivi de tous ses navires à faible tirant, il franchit les passes de Kimpaï et de Mingan, avec la plus grande habileté, et sans que les Chinois songeassent à l'inquiéter.

La flotte françoise vint mouiller sous l'arsenal, juste en face de la Pagode, où la flotte chinoise était à l'ancre. Elle resta là, dans l'expectative jusqu'au 34 juillet, jour où expirait le délai fixé dans l'ultimatum, adressé à la Chine par le gouvernement français.

A l'expiration de ce délai, contre toute attente, et bien que le Céleste-Empire ne nous eut en rien donné satisfaction, l'escadre reçut l'ordre de demeurer devant Fou-Tchéou, sans rien entreprendre encore contre cette place. En revanche, le contre-amiral Lespès recevait des instructions pour se rendre à Kélung, dans l'île de Formose, dont il devait détruire les fortifications et dont il devait occuper les importantes mines de charbon. La France voulait ainsi s'assurer la possession d'un gage, pour amener plus facilement à composition la cour de Pékin.

Cependant, le 20 août, le bruit commença à

courir dans l'escadre que le jour décisif approchait; que las enfin de patienter et d'être dupe plus longtemps de la fourberie des Chinois, le gouvernement avait envoyé à l'amiral des instructions énergiques et catégoriques.

D'ailleurs l'arrogance des Chinois croissait de jour en jour. Le nombre de leurs navires augmentait sans cesse dans le port de Fou-Tchéou; le 13 août il s'élevait à 10. En outre 12 jonques armées chacune de 6 à 8 canons s'étaient jointes à leur flotte, dans le but de participer à l'action qui devait infailliblement se produire; partout, sur le cours de la rivière Min, des canots à vapeur, des steamers, des brûlots avaient été armés en bateaux porte-torpilles; des torpilles dérivantes avaient été immergés dans les eaux du fleuve et des batteries et des fortifications nouvelles s'élevaient sans cesse sur ses bords. Enfin la plus grande activité régnait dans l'arsenal de Fou-Tchéou et l'effectif des troupes de la garnison augmentait d'instant en instant.

De plus, notre inaction prolongée était considérée, par les Chinois, comme une preuve de faiblesse et leur attitude devenait de plus en plus arrogante à notre égard. On raconte même que l'amiral Courbet ayant demandé une entrevue au mandarin Chan-Pei-Loun, commandant suprême à Fou-Tchéou, celui-ci lui aurait fait l'outrecuidante réponse que voici :

« Si vous désirez combattre, combattez d'abord et venez me voir ensuite. Si vous désirez la paix, adressez-vous à un autre, car je ne suis pas pacifique de ma nature. Si vous tenez à me voir par admiration pour ma renommée, vous pouvez le faire, mais soyez certain que je ne vous rendrai pas votre visite..... »

On le voit, notre prestige était considérablement affaibli dans ces parages et il importait au plus haut point qu'une action vigoureuse et exemplaire vint le raffermir. C'est ce qui ne tarda pas à arriver.

II

Le 22 août, l'amiral recevait enfin l'ordre d'agir. Il prévint immédiatement les commandants des navires étrangers qui se trouvaient dans le port, en même temps que les consuls des puissances représentées à Fou-Tchéou. Puis, il prit toutes ses dispositions pour l'attaque.

L'escadre française se composait des navires suivants : Le *Volta*, portant le pavillon-amiral, le *Duguay-Trouin*, le *Villars*, le d'*Estaing;* les canonnières le *Lynx*, la *Vipère*, l'*Aspic* et les torpilleurs n° 45 et 46.

La flotte chinoise se composait de onze grands bâtiments : le *Yang-Ou* portant 12 canons de 19 et 16 cent.; le *Tchen-Hong*, le *Yang-Pao*, le *Fou-Po*, le *Fey-Yüne* et le *Tsi-Ngam*, transports-avisos armés de canons de 16 et de 14 cent.; le *I.-Sing*, aviso de flottille; plus 4 canonnières, 12 grandes jonques de guerre, sept canots-torpilleurs à vapeur, et un certain nombre de canots torpilleurs à l'aviron et de brûlots.

Le 23 août, au matin, le consul de France à Fou-Tchéou, sur l'avis qu'il avait reçu de l'amiral, amenait son pavillon et l'ordre du jour suivant était lu aux marins de l'escadre :

« Etats-majors et équipages,

» Il y a aujourd'hui deux mois, nos soldats étaient victimes à Lang-Son d'une infâme trahison.

» Cet attentat est déjà vengé par la bravoure de vos camarades de Ké-Lung et par la vôtre, mais la France demande une réparation plus éclatante encore. Avec de vaillants marins comme vous elle peut tout obtenir. »

Le même jour, à 2 heures de l'après-midi,

tous les bâtiments de l'escadre ouvrent le feu. Les Chinois ripostent immédiatement et bientôt un épais nuage de fumée enveloppe les combattants.

« Le sort en est jeté, la bataille est engagée, dit un officier de marine qui a pris part à cette glorieuse journée. Le plan réglé la veille par l'amiral est exécuté avec un ensemble parfait. »

Le torpilleur 46, doit attaquer le *Yang-Ou* dont il est distant de 500 mètres environ. Sa torpille est chargée de 13 kilogrammes de fulmi-coton. Au signal convenu, il appareille, pousse sa hampe et vient faire éclater au choc sa torpille contre la partie centrale bâbord du *Yang-Ou*. Tout cela nettement, résolûment, sans aucune hésitation, comme dans un simple exercice. Mortellement atteint, le croiseur chinois gagne cependant la berge où il s'échoue. Le torpilleur marche en arrière pour se dégager. A peine a-t-il fait quelques tours que sa chaudière est crevée par un éclat d'obus et, désemparé, il dérive en aval jusqu'à la hauteur des bâtiments des puissances neutres, dans le voisinage desquels il vient mouiller; un seul homme de son équipage a été tué par une balle. Un brillant succès est venu couronner sa superbe attaque.

Bien que tout aussi audacieux, le torpilleur 45

est moins heureux. Il a pour mission de couler le *Fou-Sing*. En courant sur l'ennemi, il rencontre un canot-torpille chinois qui, depuis quelques instants, parade devant le *Volta*. Il veut l'éviter, ce qui l'oblige à choquer le *Fou-Sing*, en un point qui n'était pas exactement son objectif. Aussi l'explosion n'amène pas un effet destructeur immédiat, et le torpilleur reste engagé par sa hampette et sa fourche dans l'arrière de l'aviso chinois. Vainement il marche en arrière à toute vitesse, il demeure collé aux flancs de l'ennemi. Alors l'équipage chinois, revenu de sa stupeur, l'inonde de petits projectiles et même d'obus lancés à la main. Une balle atteint à l'œil son commandant, M. Latour, et fracasse le bras d'un de ses hommes. Enfin, après plusieurs minutes très critiques, le *Fou-Sing* réussit à faire route en avant et le torpilleur se trouvant brusquement dégagé part violemment en arrière et va s'amarrer en dehors de l'action.

Mais le *Fou-Sing* n'en est pas quitte pour cela. A ce moment, M. de Lapeyrère, second du *Volta* qui commande la flottille des embarcations destinées à l abordage, entreprend d'achever l'œuvre commencée par le torpilleur 45. Il dirige aussitôt sur l'aviso chinois un canot armé en porte-torpille qui parvient à faire exploser

dans le voisinage de son hélice ; le *Fou-Sing*
stoppe instantanément et, désemparé, il flotte à
la dérive, pendant que les obus des canonnières
le criblent, jusqu'au moment où la flottille s'en
empare à l'abordage et remplace sur son mât
l'étendard jaune de la Chine par les couleurs
françaises.

La canonnade continue, terrible, sur toute
la ligne de combat. Soudain, dans le lointain,
des détonations plus fortes retentissent du côté
de la *Pagode*. Ce sont les grosses pièces de 24
de la *Triomphante*, qui grondent à leur tour et
qui viennent se mettre de la partie.

Pendant ce temps le *Volta*, après avoir
achevé par quelques obus le *Yang-Ou*, s'avance
au plus fort de la mêlée, au milieu des jonques
de guerre sur lesquelles les Chinois font une
résistance vigoureuse ; tirant et rechargeant
sans cesse. Tous leurs coups portent ; un de
leurs boulets traverse la passerelle du *Volta*, et
tue le pilote et deux timoniers. Les balles et les
obus sifflent de tous côtés. Mais, l'amiral debout, au pied du mât d'artimon, et surveillant
tout ce qui se passe, conserve un calme admirable qui entraîne tout le monde. Toujours recher-
ché dans sa mise, vêtu d'un veston d'uniforme,
en flanelle de Chine, avec des guêtres blanches
à ses chaussures, la tête coiffée d'un petit cha-

peau de paille blanc, dont le ruban noir porte
en lettres dorées le nom du *Bayard,* il paraît
indifférent au danger au milieu duquel il se
trouve.

Les canonnières lâchent leurs bordées aux
jonques chinoises et leur causent de graves
avaries. Enfin les trois grands croiseurs français
dirigent un feu violent sur les batteries de la
Pagode et sur les navires ennemis mouillés
dans ces parages.

Puis, peu à peu, la canonnade diminue d'intensité; la fumée se dissipe et, non sans une
certaine anxiété, dit l'officier à qui nous em-
pruntons ces détails, de tous côtés, on cherche;
on regarde, on interroge.....

Les navires français sont intacts. Ils portent
à peine, çà et là, quelques glorieuses traces
d'obus ou de boulets; le grand pavillon tricolore qui flotte à chacun de leurs mâts est bien
réellement victorieux. La flotte chinoise est
écrasée. Les neuf jonques coulent et brûlent en
même temps. Leurs équipages sont à l'eau,
pêle-mêle, dans un fouillis de mâts, de cor-
dages, où la mitraille a fait d'affreux ravages.
Les brûlots flambent et sautent. Les deux jonques chargées de soldats sont coulées ou en
feu. Les flammes dévorent le *Yang-Ou.* Quant
aux deux transports amarrés le long des quais

de l'arsenal, ils ont été abandonnés par leurs équipages; les obus des deux canonnières ont fait brûler l'un d'eux et sauter l'autre.

Seuls, deux petits navires, grâce à leur faible tirant d'eau, ont pu quitter le combat et remonter la rivière; mais ils portent aux flancs de graves blessures et s'échouent sur les bancs dans leur fuite rapide. Deux canonnières chinoises ont résisté plus longtemps. Dès le commencement de l'action, elles ont évolué pour présenter l'étrave à l'escadre française. Mais criblées d'obus par nos navires de tête, elles ont été désemparées et leur appareil moteur paralysé. Maintenant elles dérivent au milieu de la rivière, entraînées par le courant, meurtries, défoncées, percées à jour. Leur pont est jonché de cadavres.

Quant aux trois avisos mouillés près de la douane, nos obus ont jeté le feu à leur bord, enflammant les gargousses mises en grenier sur le pont; les chaudières ont été crevées par nos projectiles, les machines se sont arrêtées, le courant entraîne ces lamentables débris.

Leurs équipages ont cherché à se sauver et à fuir. C'est en vain. Les obus impitoyables ont semé la mort parmi eux. Quelques-uns pourtant donnent de beaux exemples de courage et d'héroïsme. Sur l'un des croiseurs, aux trois quarts incendié et prêt à s'abîmer dans la rivière, le pavillon chinois est tout à coup rehissé et un servant envoie à nos navires un dernier coup de canon.

Le fleuve est couvert de morceaux de bois, d'espars, de tronçons de mâts, de débris de jonques, et accrochés à ces épaves de pauvres diables de Célestiaux cherchant à se sauver. Leur tête émerge de l'eau et n'apparaît que comme un petit point noir. Nos matelots qui, depuis le début, ont été admirables d'entrain et de discipline, sont maintenant surexcités par le combat. On a toutes les peines du monde à les empêcher de décharger leurs fusils sur ces petits points noirs qui défilent au gré du courant.

Une des canonnières ennemies, après avoir reçu un dernier obus de 24, coule d'une façon singulière ; elle plonge immédiatement de l'arrière avec une telle violence, qu'elle se plante pour ainsi dire dans les vases de la rivière, la quille presque verticale. Elle oscille pendant quelques secondes, puis s'engloutit en tombant sur le côté de bâbord.

Le *Fou-Sing*, sur lequel nos marins ont planté le pavillon français, dérive entouré de tous nos canots. Une épaisse fumée s'échappe de ses panneaux. Sur son pont, sur sa passerelle, partout des morts et des mourants. Les chaudières crevées par nos boulets ont couvert les Chinois de vapeur, et d'horribles brûlures ont ajouté encore aux plaies et aux mutilations faites par nos armes. L'incendie gagne toujours et impuissants à le maîtriser, nous l'abandonnons en emmenant prisonniers les rares survivants de l'équipage. Quelques instants après l'aviso coule.

Il n'est pas tout à fait 3 heures et il n'y a plus de bâtiments chinois à flot. Il ne reste d'autres traces de ces vingt-deux navires ou jonques, que des carènes en flammes échouées sur la plage ou des mâtures qui pointent hors de l'eau.

A quatre heures l'amiral donne l'ordre de cesser le feu. Cependant comme trois gros canons Krupp, qui dominent l'arsenal, dirigent, sans discontinuer, un feu des plus nourris sur le *Volta*, l'amiral, dont le pavillon est manifestement visé par les pointeurs ennemis, se pique au jeu et ordonne de réduire cette batterie au silence.

« Toujours au pied du mât d'artimon, d'où il a mené tout le combat, dit le lieutenant de vaisseau Loir, témoin oculaire de cette mémorable journée et à qui nous en avons emprunté la relation, il surveille le pointage, encourage les canonniers, les félicite de leurs coups heureux et les anime de sa grande et juvénile ardeur. Il faut plus d'une heure pour faire taire le feu de ces trois canons. Il en coûte au *Volta* plusieurs tués et de nombreux blessés, parmi lesquels le lieutenant de vaisseau Ravel, aide-de-camp de l'amiral. »

Enfin le silence s'établit sur la terre et sur l'eau. L'escadre française prend un mouillage pour la nuit qui commence bientôt à tomber.

Mais, alors, un nouveau danger menace nos navires. Les Chinois font dériver sur eux une série de brûlots de toutes les formes et de toutes les dimensions. Dans l'obscurité, c'est un spectacle émouvant et grandiose que celui de ces jonques en feu, glissant lentement au fil de l'eau. Tous les navires passent leur temps à changer de mouillage pour ne pas se trouver sur la route d'un de ces énormes et dangereux brasiers flottants.

« La nuit du 23 au 24, dit l'amiral dans son rapport au gouvernement, fut un qui-vive continuel. La plupart des bâtiments durent appareiller trois et quatre fois. Vers 9 heures, à la fin du jusant, le *Tschen-Hang*, mis en feu par nos obus, était poussé vers notre mouillage par deux grandes jonques que montaient une trentaine de matelots; quelques coups de canon du d'*Estaing*, mouillé en védette, coulèrent les jonques et leurs équipages; mais le transport continua à dériver au courant et menaça successivement plusieurs bâtiments. »

« Bonne journée de début, » télégraphiait le soir même en France, l'amiral Courbet. Et la journée était bonne, en effet, pour nos armes, car les Chinois, en outre de la perte de leurs 22 navires ou jonques, avaient à déplorer celle de 5 commandants supérieurs, de 39 officiers et de 2,000 soldats ou marins, tués ou noyés. De notre côté, nous comptions seulement 6 morts et 27 blessés, sans une seule avarie grave à nos bâtiments.

Mais il ne suffisait pas d'avoir coulé la flotte ennemie pour se dire victorieux. Il fallait maintenant descendre la rivière Min et en sortir. Et cela, malgré les forts élevés sur ses deux rives, malgré les obstacles de toute nature : barrages, torpilles, etc., semés sur tout son cours. Il fallait, en un mot, affronter pendant plus de 20 kilomètres le feu des nombreuses batteries élevées sur terre et détruire un à un les obstacles aussi sérieux que multipliés placés sur le passage de l'escadre.

Le 25 août, à midi, l'amiral qui tient, comme toujours, à se trouver au premier poste, quitte le *Volta* et transporte son pavillon sur le *Duguay-*

Trouin, auquel ses canons de gros calibre réservent le rôle le plus actif dans la tâche difficile qui reste à accomplir.

L'escadre se met en marche, le *Duguay-Trouin* et la *Triomphante* en tête. Les autres navires dont les canons sont impuissants contre les ouvrages sérieux élevés par les Chinois suivent; ils ont pour unique mission de protéger les torpilleurs et d'empêcher l'infanterie ennemie de prendre position sur les hauteurs qui bordent les rives du fleuve.

L'amiral, avec une rare sûreté de coup d'œil, cherche et trouve les points faibles des forts qu'il doit franchir pour sortir de la rivière. « Les brillantes ressources de son esprit fécond apparaissent désormais sous une face nouvelle. Chef audacieux et intrépide au combat naval du 23, il se montre maintenant tacticien réfléchi et méthodique. Une extrême clairvoyance, servie par une merveilleuse entente des choses de la guerre maritime, lui permet de frapper à coup sûr et avec une précision mathématique. Dirigeant lui-même les mouvements de ses deux grands navires, il leur indique et le poste qu'il faut occuper et le point qu'il faut battre. Au moment qu'il juge convenable il fait stopper, mouiller, si cela est nécessaire, et ouvrir le feu sur l'ouvrage qui apparaît ou sur l'embrasure

qui se montre. Celle-ci détruite, éboulée ou
obstruée, il s'avance jusqu'à découvrir l'embrasure suivante, et ainsi il poursuit sa route,
démolissant chaque défense d'embrasure en
embrasure. La *Triomphante* alterne avec le
Duguay-Trouin. Quand l'un a criblé de ses obus
tel point d'une batterie, l'autre le dépasse et
s'acharne à diriger ses coups plus en avant.
Cette tactique a l'inconvénient d'être longue,
mais elle est sûre. L'ennemi qui, derrière ses
casemates épie le moment où nous tomberons
dans son champ de tir pour nous lâcher sa bor-
dée, est décontenancé par les coups qui le
frappent sans discontinuer et auxquels il ne
peut répondre, se rendant compte de son im-
puissance vis-à-vis de nous; pris de stupeur
devant l'écrasement de ses abris, il abandonne
ses pièces bien avant que le démantèlement de
sa batterie soit consommé. »

Ce résultat atteint par les deux navires,
toute l'escadre appareille et poursuit sa marche. Mais les passes Mingan et Kimpaï, présentaient des obstacles plus sérieux encore. Pour
forcer la première, non seulement il fallut réduire au silence, par un bombardement de plus
de trois heures, les nombreuses batteries qui la
protégeaient, mais il fallut envoyer à terre des
détachements de torpilleurs et de fusiliers, qui

eurent à soutenir de véritables combats avec les troupes ennemies. Un barrage de jonques chargées de pierres avait été établi par les Chinois en travers de la rivière, il fallut le détruire, sous un feu nourri dirigé sur nos canonnières et sur nos torpilleurs par les réguliers chinois qui, des deux rives, faisaient pleuvoir sur nos braves marins une véritable grêle de projectiles.

Le passage de la passe Kimpaï fut non moins difficile et non moins périlleux. Il fallut d'abord détruire par l'artillerie les deux forts Kimpaï et Blanc, dont les ouvrages casematés et blindés présentaient de véritables remparts de fonte. Et cela, dans une position des plus délicates; car, à cet endroit, la rivière Min est si étroite, que le *Duguay-Trouin* et la *Triomphante* ne pouvaient s'y tenir ensemble, sans se gêner l'un et l'autre, et sans paralyser mutuellement la moitié de leurs moyens d'action.

Ensuite, l'amiral envoya à terre des compagnies de débarquement, afin de détruire les canons ennemis qui, une fois les deux gros navires français passés, eussent pu servir aux Chinois à entraver la marche du reste de l'escadre.

Enfin, le 29, à midi, les casemates et les batteries des forts et des rives étaient dans un tel état de bouleversement et d'effondrement qu'il n'y avait plus rien à en craindre, pour l'instant. L'amiral donna alors à l'escadre l'ordre d'appareiller et de sortir de cette sorte de souricière dans laquelle elle était enfermée depuis quarante jours.

« Alors lentement, les uns derrière les autres, dit un des acteurs de ce drame grandiose et terrible, les navires s'avancent, glissant sur les eaux, tandis qu'à leur poupe flotte vainqueur le pavillon tricolore. Jamais plus imposant spectacle que le défilé de ces bâtiments dans cette passe étroite. Un soleil éclatant illumine la scène. Sur les deux rives gisent épars des canons en morceaux, des affûts brisés et autour d'eux des maçonneries démolies, des plaques de blindage descellées. Pas une âme au milieu de ces ruines. Rien que la dévastation et la destruction.

» Le majestueux silence qui règne sur le fleuve est interrompu seulement, de loin en loin, par le bruit du canon. Quelques obus envoyés des vaisseaux cherchent à déloger des hauteurs les derniers défenseurs du Min... »

Pendant ce temps le *La Galissonnière*, qui arrivait de Formose, venait au devant de l'escadre et quand il croisa le *Duguay-Trouin,* le contre-amiral Lespès, qui était à son bord, fit monter les équipages dans les haubans et trois cris répétés de : « Vive l'amiral, » saluèrent le vainqueur de Fou-Tchéou et de la rivière Min, dès son entrée dans la pleine mer.

Le lendemain, 30 août, l'amiral Courbet adressait à ses équipages l'ordre du jour suivant :

« Officiers, sous-officiers et marins,

» Vous venez d'accomplir un fait d'armes, dont la marine a le droit d'être fière. Bâtiments de guerre chinois, jonques de guerre, canots porte-torpilles, brûlots, tout ce qui semblait nous menacer au mouillage de la Pagode a disparu; vous avez bombardé l'arsenal; vous avez détruit toutes les batteries de la rivière Min. Votre bravoure et votre énergie n'ont rencontré nulle part d'obstacles insurmontables. La France entière admire vos exploits, sa reconnaissance et sa confiance vous sont acquises. Comptez avec elle sur de nouveaux succès! »

De son côté, aussitôt que la nouvelle de ce brillant fait d'armes lui parvenait, le gouvernement français adressait à Courbet ce télégramme :

« Le pays qui saluait en vous le vainqueur de Son-Tay, vous doit un nouveau fait d'ar-

mes. Le gouvernement de la République est
heureux d'adresser à vos admirables équipages
et à leur glorieux chef l'expression de la reconnaissance nationale. »

CHAPITRE VI

Formose, Shei-Poo et les Pescadores.

I

A la suite de la destruction de la flotte chinoise et de l'arsenal de Fou-Tchéou, l'amiral Courbet nourrissait le projet de remonter vers le nord et d'aller bombarder Port-Arthur, afin de continuer à jeter l'épouvante dans le Céleste-Empire et d'amener ainsi la cour de Pékin plus facilement à composition.

Mais le gouvernement français, qui tenait à se saisir de l'île de Formose, lui donna l'ordre de se rendre à Kélung où des troupes de débarquement lui seraient envoyées pour en effectuer l'occupation.

A la fin de septembre, l'amiral, qui était avec son escadre au mouillage de Matsou, recevait un régiment de marche composé de trois bataillons d'infanterie et quelques batteries d'artillerie. Ces troupes étaient débarquées et l'on se préparait à attaquer les ouvrages élevés par les Chinois autour de Kélung.

Le 1ᵉʳ octobre l'escadre ouvrait le feu sur les retranchements ennemis, pendant que l'infanterie chassait devant elle les réguliers ennemis et les obligeait à évacuer successivement tous les ouvrages derrière lesquels ils s'étaient retranchés. Après trois heures de combat, la déroute des Chinois était complète.

Le lendemain, nos colonnes s'avançaient dans l'intérieur des terres et elles trouvaient abandonnés tous les ouvrages établis au sud et à l'est de Kélung.

Malheureusement, pendant ce temps, le contre-amiral Lespès éprouvait à Tam-Sui, sur un autre point du littoral de Formose, un échec assez sérieux qui venait contrebalancer l'effet moral de notre succès devant Kélung.

Une colonne de débarquement, lancée à l'attaque des forts de Tam-Sui, était repoussée et obligée de battre en retraite devant les forces supérieures des Chinois, après avoir éprouvé des pertes sensibles.

L'amiral fut très contrarié de cet échec qui le forçait à s'immobiliser à Formose, où notre prestige se trouvait ainsi considérablement affaibli. Le blocus de l'île avait été déclaré et le rôle de nos marins, comme celui de nos soldats, se bornait à un service de surveillance peu agréable, auquel ils eussent de beaucoup préféré celui d'une campagne sur terre ou sur mer.

En outre, l'état sanitaire était excessivement mauvais : des pluies torrentielles ne cessaient de tomber, détruisant au fur et à mesure de leur édification tous les travaux de fortification que nous élevions. Bientôt la fièvre typhoïde, compliquée d'accidents cholériformes, s'attaqua au corps expéditionnaire, et vers la fin d'octobre, plus de 400 hommes étaient mis hors de service par cette terrible maladie.

Le 2 novembre, les Chinois, enhardis par la situation précaire dans laquelle nous nous trouvions, résolurent d'attaquer les deux forts occupés encore par nous. Ils s'avancèrent avec une très grande habileté, puis montrèrent ensuite dans l'attaque un courage opiniâtre ; mais, malgré leurs efforts, ils furent repoussés avec de grandes pertes et ils durent se borner par la suite à nous harceler par de petites escarmouches, dans lesquelles d'ailleurs ils furent toujours battus complètement par les nôtres.

Un mois se passa ainsi dans une inaction à peu près complète ; mais, dès le commencement de décembre, les Chinois ayant connaissance de la déplorable situation sanitaire de nos troupes, qui ne faisait qu'empirer de jour en jour, menacèrent de nouveau nos positions du sud. Ils construisirent à cet effet sur une hauteur un grand ouvrage qui se trouvait à l'abri des obus de nos forts et des projectiles des navires mouillés dans la rade.

L'amiral résolut de détruire cet ouvrage. Il y dirigea, à cet effet, une forte reconnaissance qui, par un hardi coup de main, réussit à en déloger les Chinois et, malgré le retour offensif de ceux-ci, put détruire de fond en comble les travaux de fortification commencés.

Jusqu'au commencement de janvier, rien ne vint rompre la monotonie de cette occupation, plus dangereuse pour nos soldats par la maladie que par le feu. Le 10 janvier, l'amiral fit effectuer une attaque contre une grande maison de mandarin qui servait d'abri à l'ennemi, pour tirer sur nous. Malheureusement, une compagnie du bataillon d'infanterie légère d'Afrique s'étant trop approchée des retranchements ennemis, qu'elle espérait pouvoir emporter par un coup d'audace, dut battre en retraite, en essuyant des pertes assez sérieuses.

Vers cette époque, le colonel Duchesne étant arrivé à Formose, l'amiral lui remit le commandement du corps de débarquement et il quitta, pour quelques jours, le mouillage de Kélung où il était immobilisé depuis quatre mois.

II

Il partit le 5 février, à bord du *Bayard*, accompagné de l'*Eclaireur*, de la *Saône* et de l'*Aspic* et il se rendit à Matsou, où il trouva la *Triomphante*, le *Nielly* et le *Duguay-Trouin*

L'amiral avait appris que l'escadre chinoise uevait aller compléter son armement à Fou-Tchéou, pour tenter ensuite une attaque contre Formose. Il avait donc résolu ou de bloquer cette escadre dans la rivière Min, ou de l'attaquer à sa sortie de la passe de Kimpaï.

A Matsou, Courbet apprit que des navires chinois avaient dû gagner un des ports de la côte du continent asiatique pour s'y réfugier. Il partit, en conséquence, aussitôt pour visiter ces ports; ce qu'il fit du 7 au 11 février. Dans la soirée de ce dernier jour, il apprenait que la flotte chinoise était en rade de Sheï-Poo, et le 13, au point du jour, il était devant ce port, où ses éclaireurs lui signalaient cinq bâtiments qui, à la vue des Français, prirent chasse immédiatement. Trois d'entre eux échappèrent à notre poursuite; mais une frégate et une corvette furent obligées de se réfugier à l'intérieur du port, dans une passe peu connue des marins européens.

L'amiral résolut alors de détruire ces deux bâtiments. Mais la nuit du 13 au 14 février ayant été très mauvaise, l'expédition dut être remise au lendemain. Avant de lancer ses bâtiments, le commandant en chef voulut tenter une attaque de canots-torpilleurs. A cet effet, il chargea le capitaine de frégate Gourdon et le lieutenant de vaisseau Duboc de l'opération. Mais le meilleur récit qu'on puisse faire de cet exploit, désormais célèbre, ne vaudrait certainement pas celui qu'en a fait, à son chef, l'amiral Cloué, un des intrépides officiers qui l'ont accompli, le capitaine de frégate Gourdon; le voici dans toute son éloquente simplicité :

« Canots à vapeur : 8^m,85 de long, carapace en tôle, mal ajustée. Nous avons remplacé les tôles de côté par de la toile, parce que les canots piquaient du nez. 1,200 litres d'eau, c'est-à-dire 5 heures à toute vitesse. Hampe Desdouits, torpille n° 1, modèle 78, à 13 kilogr. de fulmi-coton. Charbon spécial donnant peu de fumée. Appareil silencieux faisant beaucoup de bruit. Heureusement le bruit était absorbé par la carapace.

Les canots sont installés en porte-torpilles pendant le jour, dans les moments de répit que laissent les corvées (voyages à bord de l'*Aspic*, aller et retour).

A 8 heures du soir, ils sont parés l'un et l'autre. Les épreuves de conductibilité et d'isolement sont satisfaisantes.

A 11 heures, on les arme. Vedette et baleinière d'abord, avec M. Ravel, lieutenant de vaisseau, qui a vu les bâtiments chinois dans la journée, et le pilote Muller de Shang-Haï. Ce sont nos guides pour nous conduire sur le lieu du combat.

A 11 heures 30, le canot à vapeur n° 2, la mien, pousse du *Bayard*. Les fanaux éteints, les feux masqués (pour les tubes de niveau et les manomètres) : canots peints en noir.

A minuit le canot à vapeur n° 1, commandé par M. le lieutenant de vaisseau Duboc, poussé du *Bayard* (canot peint en noir).

Nouvelle lune : nuit obscure.

Les canots peints en noir se voient. La vedette peinte en gris et la baleinière sont invisibles.

Aussi, grande difficulté pour naviguer en peloton.

Nous nous perdons et nous nous retrouvons plusieurs fois.

Fort courant nous dépalant dans le sud-est. Fort remous de courants occasionnant des embardées continuelles. Il faut être sur la vedette pour la voir ; mais il ne faut pas fausser la hampe ; il ne faut pas s'aborder.

Un grand crochet nous fait doubler les îlots et les rochers de la pointe nord-est de Ngen-Tew.

A la sortie de la passe : halte! nous refaisons les épreuves de conductibilité et d'isolement. Nous poussons la hampe, nous rentrons la hampe. Tout va bien.

En route pour les bâtiments chinois. La vedette en tête.

Ravel m'annonce que la frégate n'est plus mouillée au sud-ouest de Tung-Nun. Elle a disparu.

Mon canot marche le mieux, je vais à la découverte. Il est 3 heures 15 du matin environ.

A 3 heures 30, j'aperçois une grande masse noire dans la direction de Sheï-Poo, cinq ou six feux sur le rivage. Je préviens la vedette d'avertir le canot 1 que je vois la frégate et que je vais de l'avant.

Je mets les trois-mâts l'un par l'autre et j'avance lentement, car j'ai un fort courant sur le nez.

Des feux me suivent à terre. Est-ce un signal? Sont-ce des pétards pour la fête du Tet? Sont-ce des coups de fusil? Je ne saurais le dire ; je vois les lueurs, mais je n'entends rien. Mon bric-à-brac de canot à vapeur fait un bruit de ferraille qui couvre les bruits extérieurs.

A 200 mètres de la frégate, 3 heures 45 du matin, je fais pousser la hampe et mettre les fils à la pile.

Puis à toute vitesse !

La frégate s'illumine : tribord et bâbord. Des nappes de feu horizontales, peut-être des nordenfeldts ?

J'avance rapidement.

En arrière !

Un grand choc ; la torpille a éclaté. Le canot s'est soulevé et est venu heurter violemment le cul-de-poule de la frégate. Je suis pris dessous.

En arrière plus vite !

Un quartier-maître monte sur la tengue pour déborder. Il enfonce, d'un formidable coup de poing, un Chinois qui met la tête au sabord.

Le canot ne cule pas.

La vapeur s'échappe du tiroir. C'est que le robinet graisseur a été cassé. Je fais boucher le trou avec une baïonnette. La machine part en arrière.

Mais le canot ne cule pas.

C'est que la hampe est prise.

Déboulonnez la hampe !

La hampe, déboulonnée, tombe à la mer.

Le canot part en arrière.

L'illumination de la frégate continue.

J'aperçois dans les feux de bâbord le canot n° 1 qui s'avance. Je stoppe pour venir à son secours, s'il a besoin de moi, et je m'apprête à lui lancer ma chatte pour lui donner un bout de remorque.

En ce moment, on me signale un blessé. Je vais pour examiner la blessure : le fusilier Arnaud meurt au moment où je fais enlever sa chemise de laine. Il a été tué par une balle venue de terre.

La corvette et la terre répondent coup pour coup à la frégate. Elles se tirent les unes sur les autres

Cependant le canot n° 1 s'avance toujours dans la gerbe de feu. Je le vois toujours à bâbord, parce que je suis dépalé dans l'Est. Bientôt il passe à tribord, fait explorer ses torpilles et vient en grand sur tribord.

Nous nous réunissons. « Quoi de nouveau ? — Un homme tué, et vous ? Pas un blessé. »

Où est le feu rouge ?

La vedette devait nous hisser un feu rouge en signe de ralliement.

On ne voit rien.

Éloignons-nous. Nous partons à toute vitesse

et bientôt nous sommes hors de vue des navires chinois

A un moment, on voit deux grandes gerbes de feu sur le *Yu-Yen* et le *Tcheng-King*, puis plus rien.

Nuit profonde.

Pas de feu rouge.

Nous stoppons pour tâcher de nous reconnaître.

Il nous semble apercevoir la passe. Je donne la remorque à Duboc qui marche moins bien que moi, et je m'engage dans un cul-de-sac vaseux où je m'échoue.

Stoppe !

Trop tard, la remorque s'est prise dans l'hélice. Mon canot est désemparé.

Faites en arrière ! Je suis échoué ! Passez-moi votre chatte.

En quelques secondes, je suis déséchoué. Nous prenons la remorque à couple, mais impossible de dégager l'hélice.

Il est cinq heures du matin.

Au jour, nous apercevons, comme une passe dans l'est, à peu près la même apparence que la passe de l'île Sin.

Nous nous y engageons.

Elle doit nous conduire à la mer, puisque sa direction générale est le sud-est.

A 10 heures, nous sommes hors de la passe et nous apercevons la *Saône*.

Nous nous dirigeons sur elle, l'un remorquant l'autre. »

Cependant, qu'était devenu M. Ravel avec ses deux embarcations? Après avoir laissé les canots à vapeur partir en avant pour l'attaque, il se maintint dans les mêmes eaux. Lorsque le feu des Chinois eut cessé, il montra le fanal rouge qui devait servir de ralliement. Puis il chercha ou attendit vainement ses compagnons jusqu'à 6 heures du matin.

« Chose étrange, quand le jour se fit, il constata que la frégate *Yu-Yen*, frappée, comme on l'a vu, par nos deux torpilles, était parfaitement droite et semblait flotter, tandis que le croiseur *Tcheng-King*, épargné par nos canots, était couché sur le flanc et rempli d'eau !

» Croyant ses compagnons ensevelis sous l'épave du *Tcheng-King*, M. Ravel revint à bord du *Bayard*, la mort dans l'âme. L'amiral Courbet écouta, en pleurant, son rapport verbal. Le vaillant chef de notre escadre conservait pourtant une **lueur** d'espoir. Dévoré d'une généreuse impatience, il partit lui-même en canot à vapeur, pénétra dans la rade de Sheï-Poo, et observa à son tour les bâtiments chinois. Le *Tcheng-King* était bien dans la

situation indiquée par M. Ravel; mais si la
frégate *Yu-Yen* restait toujours droite, ses trois-
mâts étaient noyés jusqu'à moitié de leur hauteur au-dessus du pont. Ce bâtiment lui aussi,
était donc coulé et perdu comme son compa-
gnon. S'il avait flotté durant quelques heures,
après l'attaque de nos canots, il ne l'avait dû
probablement qu'aux efforts de son équipage et
à la puissance de ses pompes d'épuisement;
mais les deux blessures faites par nos torpilles
étaient trop profondes pour que cette tentative
réussît. Quant au *Tcheng-King*, on sut plus tard
que sa perte était uniquement due à l'affolement
des canonniers chinois du *Yu-Yen,* peut-être
aussi des artilleurs de terre, qui, croyant tirer
sur nos marins, avaient criblé d'obus cette
malheureuse corvette.

» L'amiral était occupé à la reconnaissance
dont nous venons de parler, quand, du *Bayard*
on aperçut nos deux canots porte-torpilles s'ap-
prochant à la remorque de la *Saône.* Immédiatement, Ravel se jeta dans un canot à vapeur
pour porter cette bonne nouvelle à son chef. Il
le rencontra à moitié route, revenant de son
exploration. Alors on put voir cet homme géné-
ralement si maître de lui-même, d'une politesse
irréprochable, mais grave et froid dans les relations habituelles du service, ce chef impassible

qu'aucune émotion ne semblait remuer, battre
des mains et laisser éclater dans ses gestes
comme sur ses traits, toute la joie dont son
cœur était plein. C'est qu'une vingtaine de ses
compagnons d'armes, déjà regardés comme
perdus à tout jamais, lui étaient rendus! C'est
qu'à la satisfaction d'avoir vu son plan d'attaque réussir, ne se mêlait plus l'amertume
d'avoir payé le succès trop cher! »

L'amiral adressa immédiatement à l'escadre
un ordre du jour dans lequel il disait :

« Le succès de cette brillante opération est
dû au sang-froid et à l'énergie des officiers qui
la commandaient, au calme et au courage des
embarcations.

» Tous ont montré, une fois de plus, ce que la
France peut attendre de leur bravoure et de
leur patriotisme. »

Et, en terminant le rapport qu'il adressait
au ministre sur cette affaire, il disait encore :

« Avec des officiers et des hommes de cette
trempe, on peut exécuter tout ce qui est humai-
nement praticable. »

III

Le 19 février, l'amiral rentrait à Kélung, où il recevait la nouvelle de la prise de Lang-Son, par le brave général de Négrier.

Courbet quittait de nouveau le littoral de Formose, le 26 février ; il tenait à retrouver les trois bâtiments chinois qui lui avaient échappé dans la rade de Shéï-Poo et, à cet effet, il emmenait avec lui, le *Bayard*, le *Nielly*, la **Triomphante** et la *Saône*. Le 28 au soir, il arrivait à l'embouchure de la rivière de Ning-Po, où il constata la présence des navires qu'il poursuivait. Mais ceux-ci s'abstinrent de se montrer et l'amiral ne put les atteindre ; car, dès qu'ils le virent, ils remontèrent le cours de la rivière, de manière à se mettre complètement hors de son atteinte.

Vers le milieu de mars, l'amiral conçut le projet d'occuper le petit groupe des îles Pescadores, situées entre Formose et la côte chinoise. Le 25 mars, il quitta Kélung, avec le *Bayard* et l'*Annamite*, emmenant avec lui 400 hommes d'infanterie de marine et une section d'artillerie de montagne. Puis, prenant sur sa route la **Triomphante**, le *d'Estaing* et le *Duchaffaut*, il vint prendre position, le 29 au matin, devant le fort de Makung, la capitale de l'une des Pescadores.

A sept heures nos bâtiments entraient dans la baie de Pon-Ghou, où ils étaient accueillis par le feu des batteries ennemies. Mais nos grosses pièces répondirent aussitôt et leurs obus allèrent opérer les plus grands ravages dans les ouvrages des forts de Makung.

Le feu des Chinois, d'abord très vif, commença à se ralentir vers 7 heures et demie. A huit heures, deux batteries d'îlots étaient évacuées et leurs défenseurs gagnaient la terre ferme à la nage. A neuf heures et demie, toutes les batteries ennemies ayant été réduites au silence, le combat était terminé; les ouvrages chinois étaient entièrement détruits.

A quatre heures du soir les compagnies de débarquement se rendirent à terre et s'établirent pour la nuit sur le pic Dôme, d'où il était à peu près impossible de les déloger.

Pendant la nuit, l'amiral fit opérer des sondages à l'entrée du port de Makung qui était fermé par un barrage en chaînes et dans lequel on redoutait de trouver des torpilles immergées.

Cette opération faite à l'aide de la lumière électrique, partant du *Bayard* et de la *Triomphante,* ne fut nullement inquiétée par l'en-

nemi. Au jour, le barrage fut détruit et dès
que le *Bayard* put passer, il entra dans le port,
d'où il prit à revers les abris des tirailleurs
chinois qui s'enfuirent aussitôt en laissant à nos
troupes le champ libre.

Les compagnies de débarquement s'avancèrent alors de leur côté et poursuivirent les
Chinois, que pendant la journée du 30 et celle
du lendemain 31, elles débusquèrent successivement de toutes leurs positions.

Le 31 mars, à 5 heures du soir, nos troupes
arrivaient devant la ville de Makung, qu'elles
occupaient sans coup férir et le pavillon français était hissé au sommet du fort principal.

L'amiral éprouva une joie très vive de ce
succès qu'il avait, du reste, préparé et dirigé
avec sa précision et sa vigueur habituelles.
Aussi, le lendemain de son entrée dans Makung,
il invitait à déjeuner tous ses officiers sur la
montagne qui domine l'île de Pon-Ghou.

Il se rendit à cheval de Makung à Pon-Ghou,
et ce trajet fut pour lui une véritable marche
triomphale.

Partout, pendant ces quatre lieues, nous
raconte un témoin oculaire, les soldats avaient
dressé sur son passage des arcs de triomphe et,
de distance en distance, ils venaient lui présenter un bouquet, des fleurs, des couronnes de

laurier, pendant que la musique de l'infanterie
de marine faisait résonner ses plus retentis-
santes fanfares.

Cette journée du 2 avril fut une des plus
belles de la vie de Courbet; mais elle devait
être aussi une de ses dernières. Cette même rade
de Makung, qui venait d'assister à son triomphe,
devait être bientôt le lieu d'où sa belle âme
devait quitter la terre, pour s'envoler vers un
monde meilleur!

CHAPITRE VII

La mort d'un héros.

I

Après l'occupation des îles Pescadores, l'amiral Courbet resta avec son escadre à Makung, qui devint le centre de ses opérations. Il méditait alors une campagne contre les ports du nord de la Chine ; mais, quelques jours seulement après son installation, à port Makung, la nouvelle de la signature des préliminaires de paix entre la France et la Chine lui étant parvenue, il dut renoncer à ce projet.

Depuis longtemps déjà l'amiral était dans un état de santé très délicat. Il avait eu beaucoup à souffrir de son long séjour dans des pays malsains, aux Antilles notamment; son tempérament s'était depuis lors considérablement affaibli, et depuis son arrivée dans l'Extrême-Orient, il avait particulièrement souffert de troubles dans la région de l'estomac et dans celle du foie, qui ne manquaient pas d'une certaine gravité. Pendant l'hiver de 1883-1884. son état ne fit que s'aggraver ; l'occupation de Kélung, où l'état sanitaire fut si mauvais, à cette épo-que, n'était d'ailleurs pas faite pour lui être favorable. Mais ce fut surtout à Port-Makung que la maladie prit un caractère véritablement alarmant.

Vers le 10 avril, l'état de l'amiral devint si grave que les médecins de la marine qui le soignaient craignirent dès lors pour sa vie, et il dut s'astreindre à un régime énergique qui lui apporta quelques soulagements. On fit venir une vache de Hong-Kong, pour subvenir à son alimenattion qui ne devait comporter que du lait, à l'exclusion presque absolue de tout autre nourriture.

Les médecins et l'état-major de l'escadre supplièrent alors l'amiral de rentrer en France pour s'y rétablir; mais, ce vaillant soldat s'y refusa énergiquement; il ne voulut pas quitter le poste de combat où il était placé.

Il ne voulait pas abandonner « ses braves en-fants, » comme il appelait ses marins, ni laisser à un autre l'honneur et la gloire de porter à la Chine, si elle ne donnait pas satisfaction à son pays, les coups terribles qu'il méditait.

La fin d'avril et le mois de mai furent meilleurs pour l'illustre malade; mais, dans les premiers jours de juin, le mal prit des proportions inquiétantes. Le 10, l'amiral se plaignit de vives douleurs dans le côté droit; son visage était considérablement altéré, son teint terreux et ses yeux caves. Ce jour-là, vers neuf heures du matin, malgré la défense du médecin, il voulut se lever, mais il dut se recoucher à 10 heures et demie.

Mais laissons la parole à un écrivain qui a pu recueillir de la bouche même des officiers du *Bayard*, le récit de la mort du vainqueur de Son-Tay et de Fou-Tchéou.

II

« Le 11 juin, l'état de faiblesse augmente très rapidement ; dans la journée, le malade ne peut prendre qu'un peu de bouillon et deux verres de vin de quinquina.

A ce moment, personne à bord n'est encore inquiet, l'amiral ne se plaignant pas et étant très calme.

Vers quatre heures du soir, le médecin commence à avoir des inquiétudes, à cause de l'état de faiblesse et d'abattement persistants.

A cinq heures, l'amiral, qui a conscience de

son état, fait appeler M. Hochert, son secrétaire particulier, et lui donne, d'une voix basse,
mais encore très distincte, des instructions pour
ses papiers personnels.

A partir de ce moment, l'amiral perd entièrement connaissance. On fait prévenir le contre-
amiral Lespès et les commandants des bâtiments de l'escadre qui viennent aussitôt à bord
du *Bayard*.

Au carré des officiers du *Bayard*, la nouvelle
éclate comme un coup de foudre. Le dîner vient
de se terminer, quand, vers six heures, le commandant Parrayon entre et dit :

— Messieurs, si vous désirez assister aux
derniers moments de l'amiral, il est temps.

Les officiers sont atterrés; on savait bien l'a-
miral malade, mais on ne pensait pas que son
état fût désespéré.

A six heures et demie, l'abbé Rogel, au-
mônier du *Bayard*, administre au mourant l'Ex-
trême-Onction. Peu d'instants après, au branle-
bas du soir, au moment où M. Marliave, lieutenant de vaisseau, officier de quart, fait le commandement : « La prière, » il ajoute en termes
émus : « Oui, garçons! prions, prions pour
l'amiral. »

A partir de sept heures, la respiration de
l'amiral, quoique régulière, devient légèrement

pénib'e et embarrassée ; néanmoins, le malade
ne paraît pas souffrir. Il est couché sur le dos,
les mains croisées sur la poitrine, la tête penchée
un peu à gauche.

La scène en ce moment est saisissante : au
chevet de l'amiral, l'abbé Rogel est assis et lit
les prières des agonisants. Derrière lui, Jean,
son fidèle matelot, agite un éventail en paille
pour faciliter le renouvellement de l'air autour
du lit. Dans la chambre, qu'éclaire une bougie,
se tiennent l'amiral Lespès, et les officiers de
l'état-major-général, et, dans la salle à manger,
les commandants de l'escadre et les officiers du
Bayard.

Tous les visages sont défaits et marquent le
plus profond abattement.

Un silence de mort règne sur tout le navire.
Les marins, qui adorent l'amiral, se pressent
autour de ses appartements.

A 9 heures 45, une explosion de sanglots se
fait entendre. La respiration de l'illustre mourant s'est éteinte. Son dernier souffle s'exhale ;
le médecin d'escadre constate le décès, et se
tournant vers les assistants leur dit : l'amiral
est mort !

Le docteur Breton lui ferme les yeux, l'abbé
Rogel s'agenouille au chevet contre une petite

table sur laquelle deux bougies sont allumées, et supportant une assiette, remplie d'eau bénite avec une branche de buis.

Pendant la nuit, le corps est veillé par un officier et un aspirant du *Bayard*, qui se relèvent d'heure en heure.

Le lendemain matin, 12 août, le *Bayard* apique ses vergues en pantenne, et met son pavillon et le pavillon de l'amiral en berne. Tous les navires en rade imitent la manœuvre. D'heure en heure, le *Bayard* tire un coup de canon.

A neuf heures et demie, les commandants et les officiers de l'escadre, ainsi que tous les officiers de l'armée de terre assistent à la messe dite à bord du *Bayard*.

Dès huit heures et demie, MM. les docteurs Doué, Breton et Coppin procèdent à l'embaumement du corps, qui est déposé dans le salon arrière. Cette triste opération est finie vers deux heures et demie.

Le corps de l'amiral est enveloppé dans des draps, la tête reposant sur un oreiller. Tous les officiers de l'escadre viennent encore lui dire un dernier adieu.

Le corps est alors monté dans le cabinet de travail de l'amiral, sous la dunette, et déposé côté tribord, sur les coussins du canapé. Les

traits sont calmes, paisibles. La mort est venue
le prendre tout doucement et sans souffrances.

On apporte le cercueil, qui est rangé contre
le canapé.

A ce moment, le commandant Parrayon,
voyant l'équipage qui se masse à la porte de la
dunette :

« Venez, mes garçons, dit-il, venez encore
voir votre amiral! »

Et l'équipage entier, en tenue de travail,
défile un à un en faisant le signe de la croix.
La plupart des matelots pleurent à chaudes
larmes.

Le défilé terminé, les portes de la dunette
sont fermées et l'on procède à la mise en bière.
L'état-major-général est présent. A cinq heures
tout est terminé et le pavillon national recou-
vre la noble dépouille du héros de Fou-Tchéou.

Le corps de l'amiral repose dans un quadru-
ple cercueil ; le premier en plomb, le deuxième
en chêne, le troisième en tôle zinguée, le qua-
trième en chêne et teak. Des cercles en fer bou-
lonnés entourent le tout et assurent sa solidité.
Enfin, deux bandes de toile à voiles entourent
le dernier cercueil et sont retenues par quatre
sceaux en cire rouge, portant une ancre avec
ces mots en exergue : Marine et Colonies. -
Service a la mer !

Le 13 juin, grande cérémonie funèbre à bord du *Bayard*. A sept heures vingt du matin, arrivée des détachements fournis par les bâtiments et les troupes de terre. On les range sur le pont, les hommes armés en tête pour le défilé. Le cabinet, où le cercueil est placé, est transformé en chambre ardente à l'aide des pavillons de la timonerie. Six flambeaux sont placés de chaque côté et un crucifix à la tête. Sur le pavillon tricolore du cercueil sont déposés l'épée, les décorations, les épaulettes et le chapeau à plumes de l'amiral.

A huit heures moins dix minutes, la cérémonie religieuse de la levée du corps est faite par les aumôniers, Lallemand du *La Galissonnière* et Rogel du *Bayard*.

A l'issue de cette cérémonie, l'amiral Lespès prononce l'éloge de l'amiral Courbet. Son émotion est telle qu'il peut à peine terminer son discours. Une douleur poignante étreint tous les cœurs. De grosses larmes coulent sur tous les visages.

Les officiers défilent d'abord devant le cercueil, ensuite les différents détachements, et enfin l'équipage du *Bayard,* le commandant Gourdon en tête.

A ce moment toute la garnison de Makung

est rangée à terre sur le chemin de ronde du fort du Nord.

A bord des navires, les compagnies de débarquement sont également rangées sur le pont face au *Bayard*.

Toutes ces troupes saluent de trois salves de mousqueterie, tandis que les canons du *Bayard* font un dernier salut de 19 coups de canon, espacés de minute en minute.

Au dernier coup de canon, le *Bayard* et toute l'escadre dressent leurs vergues, hissent le pavillon national à bloc, tandis que le pavillon étoilé du vice-amiral commandant en chef est lentement descendu à bord du vaisseau-amiral.

Le 23 juin, le *Bayard* appareille pour revenir en France ».

Sur toute sa route, le *Bayard* fut salué par l'artillerie des navires de toutes les nations. Partout, sur son passage, les honneurs les plus grands furent rendus à la dépouille du vaillant soldat, dont il portait la dépouille mortelle.

III

En France, la nouvelle de la mort de l'amiral Courbet produisit une émotion indicible; on n'y voulait pas croire et cependant, la fatale nouvelle n'était que trop vraie. Le chef illustre qui avait donné au drapeau français ses premiers rayons de gloire, depuis nos terribles désastres de 1870 n'était plus! La France venait de perdre son serviteur le plus fidèle et son enfant le plus dévoué.

Au Sénat, à la Chambre des députés, quand la fatale nouvelle fut annoncée, la séance fut aussitôt levée en signe de deuil. Au ministère et dans tous les établissements de la marine, le pavillon français fut mis immédiatement en berne. La mort de Courbet était un deuil national; la France entière le prit et le porte encore dans son cœur.

De tous côtés, des témoignages de respectueuses condoléances furent adressés à la famille de l'illustre défunt et une souscription s'ouvrit immédiatement, sous les auspices de son ancien chef, l'amiral de Dompierre d'Hornoy, pour lui élever une statue digne de sa gloire et de ses vertus.

Ce monument national, destiné à transmettre aux générations futures les traits de ce grand Français, ne coûtera pas moins de 300,000 francs. En voici les dispositions principales :

Une vague gigantesque, qui soulève la poupe d'une galère antique, sert de soubassement hardi à un groupe allégorique. L'amiral Courbet, conduit par la Victoire, soutenu par la Foi, l'Espérance et le Devoir militaire, montre l'ennemi à ses marins et donne l'ordre d'engager le combat. A la base du monument, court une chaîne qui relie quatre piédestaux où sont des canons, des ancres, des piques et des cuirasses.

Lorsque le *Bayard* arriva en France, une cérémonie funèbre, à laquelle prirent part toutes les autorités maritimes du port de Toulon, fut célébrée aux îles d'Hyères. Puis, le corps de l'amiral Courbet fut transporté à Paris, où une nouvelle cérémonie, à laquelle assistèrent tous les grands corps de l'Etat, fut célébrée à l'église des Invalides, à l'ombre des centaines de drapeaux étrangers, pris parmi les devanciers de l'illustre marin, sur les ennemis de la France.

Enfin, la cérémonie des funérailles eut lieu à Abbeville, et ce fut dans le cimetière de sa ville natale que fut inhumé Courbet.

Dans une oraison funèbre, d'une haute éloquence, monseigneur Freppel, évêque d'Angers, célébra les vertus et les mérites du vainqueur de Fou-Tchéou, et ce fut la vieille église de Saint-Wulfran, sous les voûtes de laquelle Courbet avait murmuré ses premières prières, qui, la dernière, abrita sa dépouille mortelle.

. . . .

Aujourd'hui, le calme s'est fait sur le nom de l'amiral Courbet; mais sa mémoire est toujours aussi vivace dans le cœur de tous les Français.

La capitale de la France et sa ville natale se disputent l'honneur de voir s'élever dans leurs murs la statue que lui dresse la reconnaissance nationale. Le port de la baie d'Ha-Long, où l'amiral séjourna pendant si longtemps, vient de recevoir le nom de Port-Courbet. Toutes les villes de France ont voulu donner son nom à une de leurs places ou de leurs voies publiques. Le nom de Courbet appartient désormais à l'histoire, dans laquelle il brillera d'un éclat incomparable, comme celui d'un homme grand et vertueux entre tous.

Puisse la vie de ce fils illustre, ravi si prématurément à sa patrie, servir de modèle à ceux qui viendront après lui. Qui peut dire, si Courbet eût vécu, quels services il eût pu rendre à cette France bien-aimée, si l'heure des grands combats avait sonné pour elle de son vivant!

Que ceux à qui est réservé l'honneur de le remplacer, s'inspirent donc des exemples si grands et si féconds qu'il a laissés. En marchant sur ses traces, ils seront certainement dans la voie du succès, et le Dieu qui protége la France couronnera leurs efforts, comme il l'a fait pour l'amiral Courbet.

APPENDICE

———

Le Tonkin et l'Annam.

Il nous a paru qu'une notice sur le Tonkin et sur l'Annam, était le complément indispensable de la biographie de l'illustre marin, que nous venons d'écrire.

Ces deux pays sont peu connus en France, bien qu'on en ait parlé beaucoup dans ces dernières années. Ils ont besoin de l'être davantage ; et, à ce titre, nous estimons que la notice qui suit, aussi brève et aussi incomplète qu'elle. puisse être, sera de quelque utilité pour les lecteurs de la vie de l'amiral Courbet.

Les renseignements qu'elle contient sont empruntés, en grande partie, à M. le vicomte de Bizemont, qui a écrit sur l'Indo-Chine française (Basse-Cochinchine, Annam et Tonkin), un ou-

vrage des plus intéressants et des plus ins-
tructifs.

Le Tonkin et l'Annam sont maintenant terre
française; il n'est donc plus permis à des Français de ne pas connaître, au moins d'une façon
générale, ces deux pays, arrosés par le sang de
nos braves soldats et de nos vaillants marins!

Le mot Annam, signifie : « Paix du Midi, »
sans doute par rapport à l'empire chinois qui
prétend jouer, vis-à-vis de son vassal, le rôle de
pacificateur, mais qui ne lui a jamais apporté,
en réalité, que le trouble et l'anarchie.

Le pays d'Annam se divise en deux grandes
régions qui formèrent longtemps deux royau-
mes distincts; le Tonkin et la Cochinchine;
on voit encore les ruines de la muraille construite jadis, des montagnes à la mer, pour séparer les deux monarchies.

Le vocable Tonkin, qui est habituelle-
ment employé pour désigner la partie nord
du royaume d'Annam, n'est autre que le mot
chinois Dong-Kinh, qui signifie : « Ville royale
de l'est; » le nom annamite est Dang-Ngoaï-Bac,
c'est-à-dire : « Royaume extérieur du nord. »

Le Tonkin est divisé en treize provinces,
dont l'ensemble est placé sous la haute administration d'un surintendant-général ; la popu-

lation totale est évaluée, entre 12 et 18 millions
d'habitants sur lesquels 439,000 sont catholi-
ques; ces derniers sont répartis entre quatre
vicariats apostoliques, deux Français et deux
Espagnols.

La capitale porte plusieurs noms, dont les
plus usités sont Ké-Cho et Ha-Noï; en style
officiel, on l'appelle Than-Hien-Thong, ou
« Ville du Dragon » et Bak-King, ou « Cour
du Nord. » Elle est située sur le fleuve Rouge,
près du sommet du Delta : sa population est
évaluée par certains auteurs à 120,000 âmes.
La citadelle, très considérable, fut construite
vers la fin du dernier siècle par des officiers
français à la solde du roi Gia-Long; elle ren-
fermait un palais pour le roi, des maisons de
mandarins, des casernes, des magasins immenses; au commencement de 1882, elle a été bom-
bardée et presque entièrement détruite par une
flottille française.

Autour de la citadelle, s'étend la ville. Très
propre, bâtie en briques, avec des rues dallées;
elle est la première du royaume pour les arts,
l'industrie, le commerce, la richesse, la population, le savoir vivre et les études. C'est là
qu'affluent les hommes de lettres et les habiles
ouvriers de tout l'Annam ; c'est là aussi que se
fabriquent les objets utiles comme les œuvres

d'art et de luxe ; on peut dire qu'Ha-Noï est le cœur de la nation. Depuis 1875, un consul de France y résidait, sous la protection d'une compagnie d'infanterie de marine et de deux canonnières.

Les autres villes importantes sont : Nam-Dinh, qui compte de 50 à 60,000 habitants, Haï-Dzuong, avec une population à peu près égale : Haï-Phong, près de l'embouchure du Thaï-Binh, port aujourd'hui très fréquenté, qui avait aussi un consul avec une compagnie d'infanterie de marine ; Nin-Binh, défendu ainsi que Haï-Dzuong et Nan-Dinh, par une forteresse contemporaine de celle d'Ha-Noï.

L'aspect général du Tonkin est celui d'un amphithéâtre demi-circulaire aux gradins s'élevant assez régulièrement du centre à la circonférence ; cette disposition se prête aux cultures les plus variées. Les plaines basses du littoral, inondées chaque année, produisent le riz, le maïs, les légumes et les fruits de la zone torride ; la région moyenne des collines mollement ondulées donne la canne à sucre, le mûrier, le thé, l'ortie de Chine, l'indigo, et conviendrait parfaitement au poivre, au café, à la cannelle, etc... les montagnes enfin, couvertes de riches forêts encore vierges, renferment des mines d'or, d'argent, de cuivre, de zinc, de fer, d'antimoine, de plomb, qui ne sont exploitées que sur le versant chinois. Mentionnons, en outre, une découverte toute récente dont les conséquences sont incalculables; des gisements houillers ont été trouvés près de la côte.

Sans être très avancée, l'industrie du Tonkin est supérieure à celle de la Cochinchine. On y fabrique de beaux meubles incrustés de nacre, de plus en plus appréciés des amateurs parisiens. Les matières premières sont à portée de l'ouvrier. La nacre est fournie par un gros coquillage commun sur la côte; le bois, qui est dur, brun, se prêtant bien au travail de la gouge, est très répandu dans l'intérieur.

L'artiste trace d'abord sur une feuille de papier le dessin à reproduire, puis, pinçant dans un étau de petites plaques de nacre irisée, il dégrossit à la lime le feston qu'il veut faire et, peu à peu, arrive à découper les plus fins contours; bientôt, il ne reste dans son étau qu'un petit morceau de dentelle de nacre, un fruit, une feuille, qu'il a soin de tailler selon certains reflets assortis, de façon à juxtaposer avec art diverses nuances, aurore jaune d'or, rose, violet, vert. L'incrustation est faite ensuite à la main dans l'épaisseur du bois, puis le tout est poli, et le travail est complété par de petits coups de burin noirci qui augmentent la légèreté du travail. Parfois la nacre est sculptée en relief et ressort sur les panneaux; le prix est alors un peu plus élevé sans être jamais exagéré, grâce au bon marché de la main d'œuvre.

On fait aussi **au Tonkin** des vases très originaux en **cuivre rouge**, niellé d'or, d'argent, de cuivre noir; des objets d'ivoire sculpté, des tissus de soie unie ou brochée de dessins très simples.

L'ouverture du port d'Haï-Phong, sous la protection de la France, a donné un certain essor au commerce. L'exportation consiste en **riz**, soie grège et tissée, thé, étain, drogues, boîtes laquées, meubles incrustés, plumes d'oiseaux, gomme laque, etc. On importe des fils et tissus de coton, lainages, opium, thé de Chine, drogues, tissus de soie, porcelaines communes de Chine, liquides, conserves, confections, quincaillerie, etc. En 1880, il est sorti d'Haï-Phong 253 navires européens, jaugeant 114,107 tonneaux et 205 jonques chinoises de 9,616 tonneaux. Toutefois, il convient de faire remarquer que, jusqu'à présent, le commerce du Tonkin est loin de répondre aux ressources réelles du pays, l'administration annamite faisant tout son possible pour l'entraver. Les digues et les canaux sont laissés sans entretien,

en sorte que les inondations dévastent les
plaines cultivables, au lieu de les féconder. Les
impôts en nature ruinent les paysans et enri-
chissent les mandarins sans aucun profit pour
le trésor royal; les pirates chinois, tolérés et
souvent même protégés par le gouvernement
qui les emploie à réprimer les insurrections
fréquentes des Tonkinois, pillent et détruisent
une grande partie des récoltes. On ne peut se
faire qu'une idée approximative de ce que
pourrait produire cette riche contrée entre les
mains d'une administration honnête, ferme et
éclairée. La récolte du riz devrait être au
moins triple de celle que donne la Basse-
Cochinchine; le café vient admirablement sur
les collines; la production de la soie pourrait
doubler; celle du coton, du sucre, de l'indigo,
augmenterait dans une proportion considérable; les essences forestières les plus variées,
les mines de toutes sortes n'ont pas même été
entamées; les nombreux cours d'eau navigables
qui sortent du Laos, du Yun-Nan, du Quang-
Si, et traversent le Tonkin, peuvent mettre
les ports du littoral en communication avec des
populations, qu'il n'est pas exagéré d'évaluer à
50 millions d'hommes. M. Dutreuil de Rhins
qui a longtemps séjourné dans le royaume
d'Annam, ne craint pas d'estimer à plus de 600

millions le mouvement commercial auquel le Tonkin peut prétendre.

Jetons maintenant un coup d'œil rapide sur l'organisation administrative du royaume d'Annam.

Le gouvernement annamite est, en principe, une démocratie universitaire sur laquelle règne un prince dont l'autorité est despotique, mais non absolue. Le pouvoir suprême est héréditaire; toutefois, le droit de primogéniture n'est pas toujours observé. Le plus souvent, le roi désigne son successeur parmi ses enfants légitimes; son choix n'est pas toujours ratifié par les grands mandarins et trop souvent des luttes fratricides ensanglantent les marches du trône.

Jadis, les rois d'Annam allaient recevoir l'investiture du Fils du Ciel à la frontière nord, où des envoyés de Pékin la lui portaient en grande pompe; le dernier souverain fut le premier qui l'ait attendue dans sa capitale.

Le roi mène dans son palais une existence oisive, donnant très rarement audience aux personnages d'un rang élevé et ne sortant que pour se livrer au plaisir de la chasse. Mais, en réalité, ce n'est qu'un fétiche entre les mains des ministres.

Quand ce fantôme de souverain veut chasser,

il sort par la rivière ; la barque royale est à la remorque de plusieurs grandes pirogues, montées chacune par une quarantaine d'hommes et un mandarin ; celui-ci, frappant l'un contre l'autre deux morceaux de bois, marque la cadence aux rameurs qui se lèvent et s'abaissent avec ensemble en forçant sur leurs avirons. Derrière viennent les bateaux des mandarins décorés de peintures et de dorures, portant à l'avant et à l'arrière des parapluies fermés, des piques ornées de queues de cheval, des mâts chargés de banderolles et de lanternes. Le peuple se cache sur le passage du cortége.

Le fardeau de l'administration repose sur 6 grands tribunaux ou ministères, 1 chancelier du royaume pour les affaires civiles et 1 grand maréchal pour les affaires militaires.

En principe, les Annamites doivent tous le service militaire de 18 à 60 ans ; mais, en réalité, on n'appelle que 1 homme sur 7 en temps de paix ; le service actif dure 3 ans, puis les hommes sont renvoyés dans leurs foyers où ils restent à la disposition du gouvernement. Il y a en outre des milices locales levées selon les besoins de la défense. Cette organisation ressemble beaucoup à notre inscription maritime.

L'infanterie compte 80 régiments de 500 hommes chacun ; 30 régiments sont en outre destinés au service de la marine qui obéit à un grand amiral, ayant le rang de maréchal.

Les mandarins sont, comme en Chine, divisés en deux catégories : les civils et les militaires ; les premiers sont recrutés exclusivement parmi les lettrés ayant satisfait aux examens sur la législation et l'histoire du royaume ; ils ont toujours le pas sur les seconds dont l'ignorance est proverbiale. Chaque catégorie de mandarins se divise en neuf degrés, dont chacun comporte deux classes.

Chaque province possède une administration propre : un gouverneur, un mandarin chargé de la perception des impôts, de l'appel des troupes et milices, de l'agriculture, etc. ; un troisième mandarin civil, chef de la justice et de la poste ; un colonel des milices provinciales. Le gouverneur seul a rang à la cour. Les provinces sont ensuite divisées en départements et ceux-ci en arrondissements ; des mandarins de divers degrés sont à la tête de ces divisions administratives. L'enseignement supérieur, comportant la préparation au mandarinat, est dirigé, dans chaque province, par un mandarin civil.

La délégation directe de l'autorité royale s arrête aux mandarins d'arrondissement ; au-dessous, commence l'administration commu-

nale qui est fort libérale et mérite de fixer
notre attention.

Les habitants de la commune se divisent en
|inscrits et non inscrits.

Les premiers, établis à demeure sur le territoire, sont seuls portés sur le registre des
impôts et doivent seuls le service militaire ; les
autres contribuent uniquement à la garde
communale et aux corvées. Les inscrits élisent
parmi eux un conseil des notables dont le
nombre est déterminé ; ceux-ci désignent à
leur tour, également parmi eux, les fonctionnaires municipaux chargés des intérêts de la
communauté, le nombre en varie suivant l'importance de la commune.

Le maire prélève les impôts d'après les ca-
hiers de contribution qui lui sont remis au
chef-lieu de la province, lève le contingent
militaire proportionnel à la population, désigne
les travailleurs pour les corvées publiques et
juge les délits de simple police. Il applique,
comme pénalité, la bastonnade. La durée de
ces fonctions est de trois ans, après lesquels le
magistrat, s'il a bien administré sa commune,
rentre dans le conseil municipal. Les autres
fonctionnaires municipaux sont : les adjoints,
le collecteur de l'impôt royal, le collecteur des
contributions municipales, le censeur, chargé

d'enseigner les rites et d'apprendre aux enfants les formalités du salut et en quels termes ils doivent s'adresser aux supérieurs de divers rangs; le chef de la milice locale, responsable de la police; le chef des licteurs, qui conduisent les travailleurs aux corvées par escouades de dix. Mais la charge la plus singulière est celle du fonctionnaire appelé « œil du maire », lequel est choisi parmi les plus riches citoyens et doit, en cas de mauvaises récoltes, faire des avances d'argent aux pauvres de la commune; souvent il fait généreusement remise des dettes contractées envers lui. Les anciens maires et les hommes âgés, ayant rempli avec distinction des fonctions publiques, sont investis de charges honorifiques dans le conseil. On les appelle : « Vieillards de la dernière vieillesse, » et ils ont le pas dans les cérémonies sur les autres fonctionnaires, sans en excepter le maire lui-même.

On reconnaît là ce louable respect pour la vieillesse, que les Annamites poussent jusqu'à la vénération des vieux arbres.

Parmi les maires les plus énergiques et les plus intelligents, le gouverneur de la province choisit les chefs et les sous-chefs de canton. Ceux-ci surveillent l'administration municipale et ont, en outre, les attributions de nos juges de

paix ; toutefois ils ne connaissent que des plain-
tes verbales. Après six ans d'exercice, ils peuvent être nommés mandarins de la deuxième
classe du neuvième degré.

Les mandarins de toutes classes reçoivent des
traitements dérisoires qui les mettent dans la
nécessité de pressurer leurs administrés et de
faire trafic de la justice. La rapacité chez les
grands, la bassesse chez les petits, tels sont les
traits caractéristiques de la société annamite.

Il appartient donc aux Européens de remé-
dier à ce lamentable état de choses et la France,
à qui sont confiées désormais les destinées de ce
pays, ne faillira pas à ce noble devoir

FIN.

TABLE

FIN DE LA TABLE.

LIMOGES. — Imp. E. ARDANT et Cᵉ